山口組式最強心理戦術

山口組のレジェンドたちが教える ビジネス・恋愛テクニック

目次

第1章 ターゲットへの接近術

三代目山口組若頭　**山本健一**

第2章
人心収攬《らん》と信用させる技術

五代目山口組若頭　**宅見勝**

第3章
ターゲットを意のままに操るための仕上げ術

五代目山口組組長　渡辺芳則

第4章

ターゲットの離反への対応術

五代目山口組若頭補佐　中野太郎

ビジネス編

恋愛編

第5章
周囲の人間を取り込む天才的人誑《たら》し術

三代目山口組若頭補佐　**菅谷政雄**

第6章
使えない部下をその気にさせるマネジメント術

柳川組組長　柳川次郎

第7章
荒ぶる獅子の人心操縦術

四代目山口組組長　**竹中正久**

第8章

カリスマの戦術と戦略

三代目山口組組長　田岡一雄

第1章

ターゲットへの接近術

三代目山口組若頭

山本健一

ビジネス編

親分至上主義を貫いた日本一の子分

自分の立場&与えられた仕事に「誇りと美学」を持て

「山健の親分がホンマの最後の極道やろね。あれが極道の豪傑の時代の一番最後の人」

これは、山口組六代目組長・司忍が、山口組三代目若頭だった山本健一について語った言葉だ。

世の中が変わってきて、ホンマの極道（豪傑）が出づらくなってきたということなのだろうか。確かに田岡一雄・三代目組長が生きていた時代は〝一枚岩の団結〟で組が保たれ、彼の下で伝説化された極道（豪傑）が群雄割拠していた。だからこそ、警察の厳しい締め付けにも屈することなく、日本最大のヤクザ組織が出来上がったのだ。

しかし、田岡一雄が亡くなり、それを追うように〝幻の四代目〟山本健一も亡くなると、山口組から豪傑と呼ばれる極道の名があまり聞こえなくなった。

それは、外部との大きな戦いが減ったためだろうか。あるいは、山口組を山口組たらしめてきた直参制、ピラミッド型組織システムがうまく機能しなくなり、〝一枚岩の団結〟にほころびが生じ始めたためなのか。

理由はいろいろだろうが、やはり、田岡一雄のように、人心収攬術にすぐれた〝カリスマ〟的存在の親分がいなくなったことが大きいだろう。そういう親分がいたからこそ、組員は組のために体を賭けてまでして〝渡世〟に励んでこられたのだ。

その代表的な人物が、山口組最大の功労者のひとりと言われる山本健一・初代山健組組長である。

山本健一・三代目山口組若頭

彼こそ、山口組のために東西奔走し、自分の得にならないことも寸暇を惜しんで立ち働き、組を大きくするために奮闘してきた極道だった。そこからは、われわれ一般人が学べることも多いに違いない。

では、山本健一のヤクザ人生を通して学べることを見ていこう。

〝ホンマの最後の極道〟と言われるだけあって、

山本健一はエピソードに事欠かない。たとえば……。

山本健一（以下、山健）が、山口組三代目組長・田岡一雄の長男の結婚式の招待状を右翼の巨頭・児玉誉士夫に届けにきた際、門先まで出てきた書生から、「どうぞ、お入りください」と促された。その入り口は通用門（勝手口）であった。

これにカチンときた山健は「わしは親分・田岡の名代で来とるんや。わしの訪問だったらこれでええ。けど、田岡の名代としては、〝はい、そうですか〟とこの通用門を通るわけにはいかん。どないしてでも、横の正門から入らせてもらうで。正門を開けんかい」と突っ張り通す。辟易した書生は、ついに閉められていた正門を開けた。

この話を書生から後で聞いた児玉は、「なるほど、田岡さんの子分だけあって、誇りと筋がわかった男だ。さすがは田岡さんだ。また、この男（山本健一）はなかなか見どころのある男だ」と、田岡親分を再評価すると同時に、山健に対しても強烈な印象を抱いたという。これを機に、山健本人に対しても何くれとなく便宜を働くようになったと言われる。

このエピソードでわかるのは、人の心を捉えるのは、筋が通る内容を他者とは違った意表を突く言動で表明する、ということである。ひと味もふた味も違う印象に残る言動を、タイミングよく実行できるかどうか、ということだろう。

これはビジネスシーンにも応用できる。意表を突く逆転の発想は、たとえばJR新幹線の清掃を担当する「テッセイ（株式会社 JR東日本テクノハートTESSEI）」の例に代表される。いまや「日本人の凄すぎる仕事ぶり」として外国で大評判の新幹線清掃。1チーム11人が、わずか7分で新幹線車両の内部とトイレの清掃を手際よく終了させる「テッセイ」の仕事ぶりは、新しく責任者として赴任した矢部輝夫の逆転の発想から生まれた。彼は、「どうせ私たちは最下層の掃除のおばさん」と諦めていた担当者のマインドを、「世界最高峰の技術を誇る日本の新幹線で働くすべての人、運転手、車掌も含めたすべての仕事のアンカーマン、つまり最終メンテナンスを担う技術者なんだ」という前向きのマインドに変革したのだ。

そして、この意識改革とそれにともなう手際よい仕事ぶりはいつの間にか大評判となり、いまや米国のハーバード大学経営大学院で講義されるほどである。

そのベースとなるのは、**仕事には誇りを持つということ。現在の自分の置かれている立場と役割を正確に理解し、それに立脚できる立ち居振る舞いをする、そこに美学を作り上げる**ということだ。

山健の場合、自分の置かれている立場とは、相手がどんな大物であってもわが親分・田岡一雄に比べればいかほどのものか、と思っていたことだ。それくらい、山本健一は自分の親分を熱烈に信奉していた。そのことを、児玉誉士夫も理解できたからこそ、〝誇りと筋がわかった男だ〟と認めたのだろう。

誰に対しても臆することなく素早く対応せよ

山本健一は大正14年3月、神戸市葺合区（現・中央区）に生まれた。川崎重工の技師長の長男として比較的恵まれた家庭環境で育ち、少年時代は穏やかな性格で学業にも長けていたという。

珠算を習っていたこともあり、五ケタぐらいの計算はすぐ暗算でやってのけた。記憶力も抜群に良く、晩年に至っても200くらいの電話番号はメモなしで覚えていたという。

昭和12年、小学校を卒業後、大阪電気学校（現・清風高等学校）に進んだ。この頃に柔道を習い、二段の腕前となる。その影響もあってかがっしりとした筋肉質の体形となり、同年代の男性を相手にしばしば取っ組み合いの喧嘩をするようになった。秘められた性格には、結構猛々しいものがあったようだ。

昭和17年、大阪電気学校を卒業し、横須賀海軍工廠航海実験部に設計図員として勤務。その後、20年1月に実働部隊として鳥取の中部第四十七部隊に入隊し、そこで終戦を迎えた。

神戸に帰ってみると生家は空襲で焼失し、家族の生死もわからずじまいだった。20歳の青年は途方にくれ、天涯孤独の身になったと思ってしまう（家族は父親の故郷である広島県安芸郡に移り住んでいたと、後にわかる)。

半ば自暴自棄になって、神戸の新開地や三宮界隈でその日暮らしの無頼生活に身を委ねるようになる。賭博に明け暮れる生活を送り、負けると苛立ち、ときに賭場荒らしまがいのことまでしたという。

昭和26年、そんな山健の前にひとりの男が立ちふさがった。当時、山口組若頭を務めていた安原政雄である。彼に「男はつまらぬ喧嘩をするものではない。なぁ若い衆、喧嘩は一生に一度でいいやろ」と穏やかに諭されて、山健は安原のもとに身を寄せる。

以上が、山健の前史である。彼が貧困や差別の中から生まれたヤクザではなく、敗戦が大きく関わっていたことがわかるだろう。これは、ヤクザとしては珍しい。もちろん、渡世の世界に身を投じることになったのは、性格的なことも大きかったのかもしれないが……。

山口組入りした山健はすぐに田岡一雄に目をかけられることになる。そのきっかけとなったのは、昭和28年1月の鶴田浩二襲撃事件だった。

鶴田のマネジャーが大阪での興行の挨拶に訪れた田岡邸で、「これでいいだろう」と言わんばかりに金を出した無礼な態度に、田岡一雄は怒りを感じる。親分の気持ちを察した梶原清晴はすぐに山本健一、益田芳夫、清水光重、尾崎彰春らを集め、大阪・天王寺区の宿舎にいる鶴田浩二のところへ向かう。そして、旅館の軒先にいたファンに「サインをもらってきてあげる」と言って、〝臆すること

若かりし頃の山本健一

なく〟上がり込んで行った。
　山健は夕食を摂っていた鶴田浩二のところまでやって来ると、即座にウイスキー瓶とレンガで彼の頭を殴った。無礼なマネジャーへの〝見せしめ〟として被害を被った鶴田浩二は、これにより頭と手を11針縫う重傷を負う。その後、鶴田浩二は田岡一雄と面会、和解する。そしてこれを機に、田岡は鶴田を物心ともに支えていくこととなった。
　この事件でハッキリしたのは、スターを巻き込んだ事件を起こせばマスコミに大きく報じられ、社会に大きなインパクトを与えられるということだった。すなわち、「山口組の機嫌をそこねると、とんでもないことになる」と芸能界に恐怖を植え付けたのだ。これは山口組が芸能界での勢力拡大と収益を上げていく上で大きな追い風になった。
　山健は同事件で懲役1年、執行猶予3年の判決を受けたが、その暴力行為で掴みとったものは非常に大きかったと言えるだろう。組のアピールとなっただけでなく、「あいつはやれる男だ。組の役に立つ」と、田岡一雄に見込まれることになったのである。

　このエピソードでわかるのは、有名人であろうがなかろうが、相手に対して臆することなく接することの大切さであろう。すばやく行動に移したことも、効果的だったと言える。

　ヤクザの鉄則は言われる前に行動することだが、これは何もヤクザ社会にだけに当てはまるものではない。一般社会でもそれは言える。デキる奴はたいがい、上から言われる前に何をすればいいかわかっているものだ。しっかり頭に入れておきたい。

トップに帰依する忠誠心が高い貢献度を生む

　この1年半後の昭和29年には、神戸新開地で山口組と対立していた谷崎組との抗争が勃発した。山健は谷崎組との揉め事で自分の組から逮捕者まで出たと知るや、梶原清晴とともに谷崎組若頭の自宅を襲い、拳銃とドスで瀕死の重傷を負わせた。これにより谷崎組は壊滅、山健の名は一段と高まった。懲役3年の実刑判決を受けて刑務所入りし昭和32年に出所すると、その功績が認められて田岡から直系の若衆に引き上げられる。

　直若となった山健はその器量と才覚を買われて、田岡組長のボディガード兼秘書となる。田岡がどこに行くにも付いて歩いた。美空ひばりの興行などにも一緒に付いて回っては、細々としたことまでこなして有能なところを見せた。田岡に可愛がられるようになったのは言うまでもない。

山健はこの頃から、「ワシの夢は日本一の親分のもとで、日本一の子分になることや」と誓い、生涯それを信条とした。それだけに、親分の田岡一雄に対する忠誠心には凄いものがあった。

たとえば、田岡が麻雀をしているときは部屋の隅でじっと正座したまま微動だにしなかったという。いつ田岡から用を命じられてもいいようにである。睡魔に襲われるたびに画びょうを太股に刺しては、ズボンを血だらけにしたというエピソードも残っている。

真冬に田岡から電話があり、田岡邸に車で向かっている最中は、氷の入ったタオルを目に当てっぱなしにしておく。「熱でもあるんですか」と若い衆が訊ねると、「親分に寝起きの腫れぼったい顔を見せられるかい」と答えてみせた。普通の人間にできることではない。

これらはもはや「親分にいいところを見せよう」という、見てくれ優先の行いなどではなかった。出世欲から出るものでもない。すべては田岡一雄に対する畏敬の念から出たものだ。身近で見てきた山口組幹部連中から、「あの真似は誰にもできません」と言われるほどだった。

この背景には、戦争で死んだと思い込んだ父に代わる、一種の父親像を田岡に求める気持ちがあったからではないか、という分析をする関係者もいたようだ。

それはともかく、これでわかるのは自分を認めてもらうためには、少々エキセントリックに見える行為もときには必要である、ということだろう。そうすれば人に強い印象を与え、覚えてもらえることにもなる。さらに言えば、後生にまでその記憶は伝説となって残っていく。

山口組で着々と実績を重ねた山本健一が、自らの組織である山健組を結成したのは、直系若衆となって4年後の昭和36年のことだった。直系組長としてのスタートを切った山健は、さらにその2年後には若頭補佐に登用される。トントン拍子の出世である。

ヤクザは切った張ったを繰り返しながら伸し上がっていくが、山口組にあっては、全国進攻の過程で信賞必罰が徹底されたこともあり、ヤクザとして大きな勲章を持つものが上に立つということが明確な了解事として組内に浸透していた。

山健は昭和30年代後半、全国制覇を目論む山口組の切り込み隊長として、大きな二つの抗争に関わった。昭和37年の「博多事件」と、昭和38年の「広島代理戦争」だ。いずれも山口組抗争史に大きく残る事件である。

前者は山口組の鉄砲玉・夜桜銀次が博多で射殺されたことで、博多に山口組から250人もの組員を大量集結した事件。後者は広島における覇権争いで、山口組系列の組と本多会系列の組との間で繰り広げられた複雑に絡み合った事件である。

山健はどちらの事件でも大きな役目を果たしたが、とりわけ広島代理戦争では現地入りし交渉役として暗躍した。それが可能だったのは、父親の郷里が広島県安芸郡だったため、知人・親戚が多かったこと、さらに、抗争に大きく関わっていた美能幸三（『仁義なき戦い』の原作となった手記を書いた）とは昭和32年まで加古川刑務所での服役仲間で、兄弟同様の間柄だったからだ。

山健は人脈をフルに利用しては巧みに抗争を仕掛け、相手側の内部分裂をはかっていった。

ただ、戦いは混とんとし、十分な成果を上げたとは言えなかった。かなりの戦費をつぎ込むこととなり、買ったばかりの自宅を売り払ってしまうほどだった。しかし、それにもめげずひたすら組のために邁進したからこそ、田岡親分からさらに厚い信頼を得ることになる。

昭和46年、田岡は梶原清晴若頭亡き後の新たな若頭を決めるとき、いったん入れ札で決定した山本広をご破算にしてまで、山健を若頭に据えた。

これには、山健からの「優柔不断な山本広では組が弱体化する。彼がなるなら、若頭補佐を下りる」という直訴がきいたこともあるが、それ以上に、ここぞという事件で常に先陣を切ってきた山健の功績が評価されていたからだ。

このことからわかるのは、**最終的にものをいうのは貢献度の高さと忠誠心の強さ**だということだろう。そして、そりの合わないやつ（この場合、山本広）を打ち負かすには、相手の弱点をついて遠慮なくそこを突け、ということだろう。

ライバルのミスを奇貨として己のポイントを稼げ

山健はこうして山口組ナンバー2の立場となったが、山口組内には彼を脅かす強大な力を持つ人物がいた。ボンノこと、菅谷組組長・菅谷政雄だ。このライバルは、当時強力な資金力や組員数を誇っていた。傘下に置く団体が64、構成員2000人を誇り、山口組でも一、二を争う大組織だった。さらに、シノギの近代化をはかり、山口組内で大きな力を持っていたのだ。

立場こそ若頭補佐と下であったが、目に見える数字で比較すれば当時の山健組の劣勢は明らかで、圧倒的な差があった。本来は、ふたりの仲は悪くなかったと言われているのだが、さまざまな状況の流れの中で水面下で対立することも次第に多くなり、山健にとってはどちらかと言えば煙たい存在だったかもしれない。

そんなふたりは、昭和50年代最大の暴力団抗争となった〝大阪戦争〟の収拾案をめぐって、決定的に相反するようになる。

大阪戦争は、そもそもは末端組織同士の喧嘩だった。昭和50年7月26日深夜、大阪・豊中市の喫茶店「ジュテーム」で博徒組織の松田組系溝口組傘下組員が、山口組系佐々木組内徳元組舎弟・切原大二郎ら4人を銃撃し、3人が死亡、1人が重傷を負うという事件だ。世に言う「ジュテーム事件」である。

山口組は単なる傘下団体の枝組織の事件の上に、もとの原因が佐々木組側にあるということで、初めのうちは佐々木組が対処すべきだという考えだった。

この事件後、菅谷政雄は二代目松田組組長・樫忠義と親しいこともあり、早々に和解工作を進めていた。

それは、大阪の西成で独自に菅谷組を率いていた実兄・菅谷三蔵が、松田組とは初代の代から友好関係にあり、三蔵の実子である菅谷一夫は松田組に籍を置いていたことがあるという、近しい関係があったからだ。菅谷としては動きやすかったのだろう。また、菅谷組の若頭補佐・生島久次は松田組系村田組傘下の大日本正義団・吉田芳弘とは兄弟分の関係でもあった。

これでわかるように和解工作に動くのも自然の流れだったが、この独断は後になって自分の首を絞めることになる。

常日頃から菅谷政雄若頭補佐と対立することの多かった山本健一若頭は、この言動に腹を立てた。若頭という実質的な最高責任者としての強権を発動し、昭和50年10月に菅谷若頭補佐を若衆に降格。

さらに、謹慎を命じたのだった。理由は「組の本筋から外れた」というものであった。これにより、菅谷政雄は極道としての動きを封じられたも同然となったのである。

親分が謹慎になれば、下の組織、若い衆も極道としての動きができなくなる。メシの食い上げだ。組を去ろうとする者もまったくいないわけではなかった。

大きかったのは、〝北陸の帝王〟と呼ばれた福井の川内組・川内弘組長が脱藩の姿勢を露わにしたことである。菅谷組の重鎮のひとりだった彼は、菅谷組長が謹慎処分になると、菅谷組の最高幹部会への出席を拒否したのである。そして、山口組直参への道を模索し始めた。

この寝返りに菅谷は激怒する。刺客を福井に送り込み、川内組長をピストルで射殺するに至った。昭和52年4月13日のことである。

山口組は組内部での喧嘩を禁じている。菅谷はそれを破ってしまったのだ。持病の心臓病で「関西労災病院」に入院していた田岡一雄はこれを知り、激怒する。事件の二日後には、菅谷組長を山口組から絶縁した。

絶縁は極道の世界にあってもっとも重い処分だ。それはただ単に縁が切れるだけにとどまらず、引退しなければ同時に、戦争状態に入ったことを意味するのである。

つまり、菅谷組は山口組の敵となった。この例でわかることは、人事権を持っている者の強みだ。いざというときに強い効力を発揮してみせる。それを認識している山健は、同年10月に松山戦争が終結を迎えると、山口組の最高幹部人事に直ちに着手する。11月1日に、加茂田組・加茂田重政組長ら4人を若衆から若頭補佐に登用した。これにより、山口組最高幹部は大半が山健色に染まったと言われる。

この時代、山健組は組織の規模としては山口組内で一、二を争うほどの巨大組織ではなかったものの、現役の若頭が率いる組織として、その存在は一目も二目も置かれていた。いわば三代目山口組における山健組全盛期を迎えていたのだ。傘下には「山健組三羽烏」と言われた強力な組織を有し、後の五代目時代に公然と囁かれるようになった〝山健にあらずんば菱にあらず〟という声のきざしも、かすかだが漂いだしていた。

ビッグな存在となるには、政治力や権謀術数に長けていることが大切だ。内部に潜んでいる敵やライバルに勝つためには、策士であることも重要。これはビジネス社会にあっても重要な事柄である。

山健が昭和56年の服役中に宅見勝（当時・山口組若中）宛てに書いた手紙には、己の勝負観に触れた文面がある。

《社会の荒波と闘い、勝負に勝つ私の信條を参考のため記します。

指揮官には指揮官の、部下には部下としての勝負師としての心構えがなければ戦に勝つことは出来ない。勝負師としての三ヶ條、①身体の健康、②知能の健康、③精神の健康。

この三つの中、どれ一つ欠けても失格である。
およそこの世の中では勝と負のあることばかりです。会社経営にもその他すべてに於てあてはまると思います。私は今さしずめ身体の健康回復につとめて帰宅後に備え精進しています。皆のためにも……君も頑張って下さい。
（以下略）》

この信条はまさに、〝すべてにおいて当てはまる〟と言えよう。

中でも、②知能の健康が興味深い。クレバーで秀でた観察眼を持つべきである、と言っていると思われるが、その言葉からは山健の頭のよさがうかがえる。

身体面について言えば、山健は自信を持っていた。若い頃は何日寝なくても大丈夫だったという。そうでなくては、指揮官など務まらないだろう。

乾坤一擲《けんこんいってき》の大勝負には死力を尽くせ

大阪戦争は数次の報復戦を繰り返し、膠着状態のまま3年目に入っていたが、それを打ち消すような大事件が昭和53年7月11日夜に起こった。

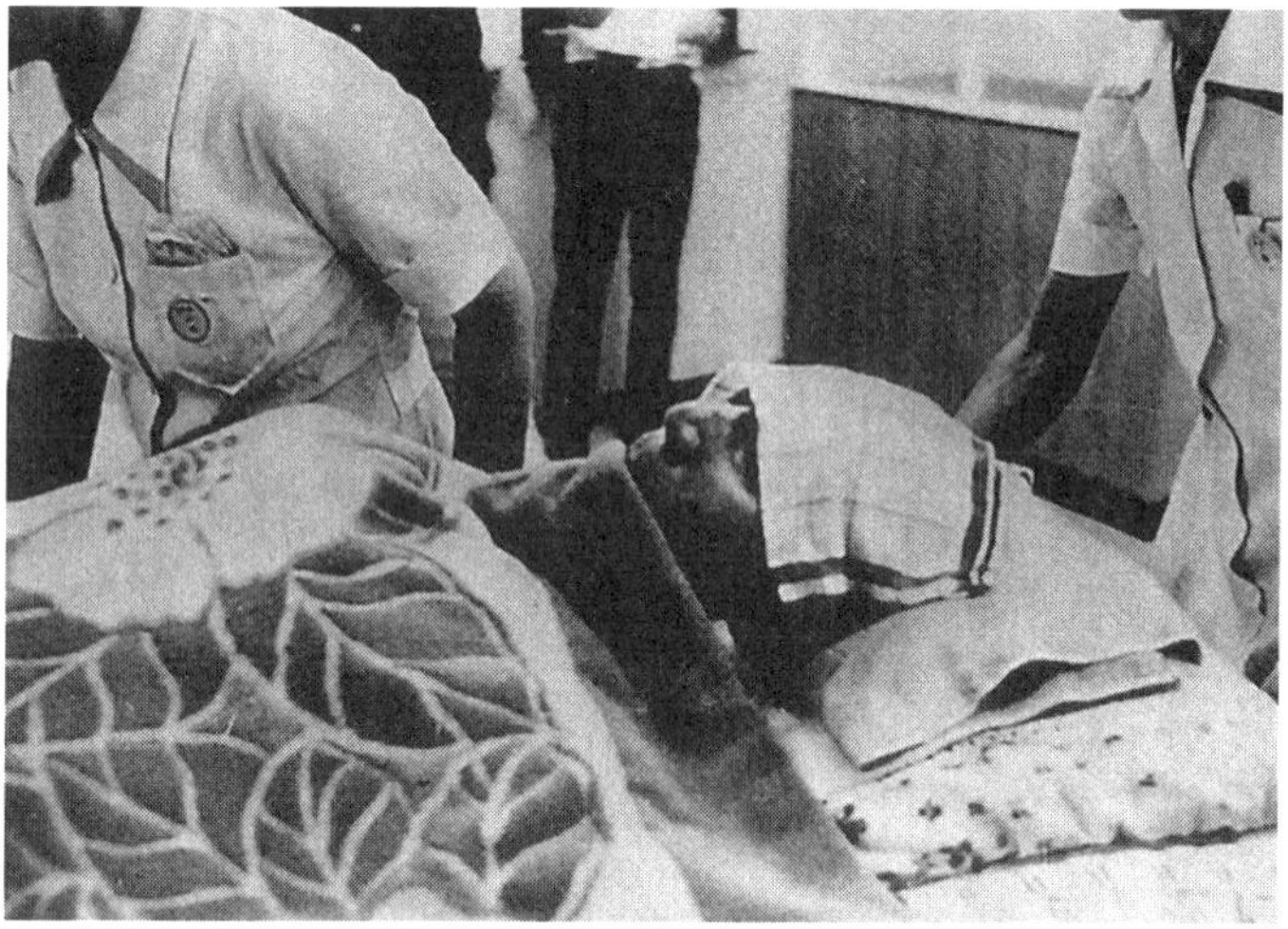

ベラミ事件直後の田岡一雄・三代目山口組組長

三代目山口組・田岡一雄組長が、遊興中の京都のクラブ「ベラミ」で松田組系大日本正義団の組員・鳴海清に38口径の拳銃で狙撃されたのである。銃弾は田岡の首筋に当たったが、幸い軽傷で済んだ。

この一報を豊中市内の「庄内病院」の病床（肝硬変で入院中）で耳にした山健は、顔面を蒼白にして怒り狂った。そして、寝間着姿のまま、田岡組長が運ばれた「関西労災病院」へ急行した。

山健は続々と集まってきた組員に対し、「犯人は、警察より先にこっちで捕らえるのだ。やられたら日本一惨めにやりかえしたれ！」と檄を飛ばし、すぐに報復隊を結成、病床にもかかわらず、みずからその陣頭指揮を執った。

まず標的としたのは、菅谷組の赤坂一男若頭代行だった。そこの自宅にピストル弾を撃ち込んだのだ。なぜ、松田組ではなく菅谷組だったのか。当初、山口組サイドは、先に絶縁処分にした菅谷組の仕業だと読んでいたからだ。

しかし、これは違った。服役中の菅谷組長は捜査に当たった兵庫県警の組員に対し、「田岡親分には、たとえ何があろうとも絶対、弓を引かない」と断言、ベラミ事件に関してはハッキリと否定した。

山口組が独自の情報網で犯人・鳴海清を割り出したのは、事件から二日後の13日だった。そして、それを機に山口組の松田組への執拗な無差別殺戮が開始され、3ヶ月で6人の松田組幹部や組員をあの世に送る。

田岡を狙撃した鳴海清の死体は9月17日、六甲山山中で発見された。全身にガムテープが巻かれ、ウジが湧いている腐敗した姿だった。その死の真相はいまだに明らかになっていない。

もはや抗争は大勢を決し、話題の焦点は「いつ山口組が抗争を終えるか」という一点に絞られていた。

こういう場合、普通なら和解による手打ちという形を取るものだが、そうはならなかった。昭和53年11月1日、田岡邸の大広間にマスコミ各社を呼んで異例の記者会見を開き、山健が一方的に「抗争終結宣言」をしたのだ。そして、その宣言文には、松田組の名はいっさい出てこなかった。わずか300人足らずの松田組の名前を出しては、天下の山口組の名がすたるという判断があったからだと言

山本健一葬儀

われている。

山健はこの頃、持病の糖尿と肝臓病が悪化の一途をたどっていたが、当日は元気そうに見せるためにリンゲル注射を射った上に、顔にクリームを塗って記者会見に出た。どんな局面においても人に弱みを見せないという、山健ならではの美学を貫いたのである。

しかし、これが裏目に出てしまった。実はこの記者会見時、山健は保釈中の身であった。大阪府警は元気そうな山健の姿を見て、仮病の疑いありと判断する。そして大阪高裁から保釈取り消しの決定を取ったのだ。

昭和54年4月、最高裁が上告を却下して刑が確定。山本健一は重病のまま5月から大阪刑務所に服役することになった。そして服役中の56年7月23日、絶対の忠誠を誓った親分の田岡一雄が心不全で死去した。

心の支えを失った山健もその後を追うかのように、

わずか半年後の57年2月4日に亡くなる。56年の生涯であった。「日本一の子分」を目指していた山本健一は、はからずも日本一の〝子分〟のままで生涯を閉じたのだった。四代目が確実視されていた彼の死で、山口組には熾烈な跡目争いが勃発した。組は分裂し、山一抗争に突入する。

山一抗争についてはここでは触れないが、これまでの山健の軌跡で見えてくるのは、彼の、そして山口組のメディア対応の巧みさである。抗争にピリオドを打つのにマスコミを使ったのは、こうすればプライドを損なうことなく組のアピールになる、とわかっていたからだろう。かつて機関紙「山口組時報」（昭和46年から昭和50年まで）を出していた組らしい。

余談ながら、大阪戦争や山一抗争が戦われていたとき、それを大きく取り上げていた関西の夕刊紙は、部数がグーンと伸びたという。山口組も当然そのことを知っていただろう。

大阪戦争は、極道のメンツを賭けた戦いの凄まじさ、悲しさも教えてくれた。この抗争で山健は若頭の立場をいっそう堅固なものにしたが、その一方で山健組は２００人もの逮捕者を出している。抗争中の定例会議の席のことである。山健が「みんな、やる気があるのか。戦っているのは俺のところばかりではないか」と激怒したのは有名な話だ。痛手もけっこう大きかったのである。なにより山健自身、病の身も省みず陣頭指揮に立ったため、命を縮めることになってしまった。服役中の身で、親分の最後を看取ることができなかったのも無念であったろう。

恋愛編

狙った女にはあなたの存在を意識させろ

山健の日常生活や女性観、夫婦観

ヤクザの親分には、誰しもが〝強い男〟のイメージを抱いていることだろう。荒ぶった男たちの上に立つ権力を持った男なのだから、それも当然のことだ。それに加え金も持っているとなれば、女性がイチコロになってしまっても不思議ではない。

映画『極道の妻たち』（東映、86年）で、「うちは極道に、惚れたんやない。惚れた男が、たまたま極道だったんや」という名セリフが生まれたが、さもありなんという気がする。

しかし、本物の親分は人間的魅力にもあふれている。それを忘れてはいけない。だからこそ、大勢の男たちから「死ぬことも長い懲役も辞さない。オレの命は親分に預けてある」と言われるほど惚れられるのだ。

それでは、山本健一の人との接し方や振る舞い、夫婦観・家庭観を見ていくことにしよう。

山健はイケイケ根性で伸し上がってきた武闘派と言われる。そのため、近寄りがたい人柄を想像してしまうが、実際はとても愛嬌のある魅力的な人物だった。

こんなエピソードがある。

昭和47年、田岡邸で山本健一山口組若頭は石井進稲川会理事長（後の稲川会二代目会長）と五分の兄弟盃を交わした。これにより、両組織は過去のいきさつを乗り越えて親戚関係となった。以降、このふたりは銀座で飲んだりすることもしばしばであった。そして、その際は夜の銀座を手をつなぎながら、仲よく酒場に向かって行ったそうだ。山本健一は身長160センチ台、胸回り120センチのミニタンク型だったのに対し、石井進は身長170センチを優に超すスマートな長身タイプ。そのため腕を組むことができず、手をつないで歩くことになったという。そういうわけで、口さがない人々からはデコボココンビと言われていたそうだ。

酒場で酒に酔うと、山健の顔は朗らかに赤くなり、眉毛のあたりが尖って立った。そんな可愛らしいところが、ホステスたちの心を和ませたという。けっこう、モテたようだ。顔立ちそのものは、そこそこのイケメンである。

とはいえ、抜群の外見というわけではなかった山健は、なぜモテたのだろうか。母性本能を刺激していたから？　と思いたくなるが、残念ながら心理学で母性本能をくすぐると女が恋愛感情を抱く……との証明がなされた実験はない。

山健も当然そうだが、ヤクザは一見して頼りがいのある男が多い。ただ、頼りがいのありすぎる男は魅力的ではあっても深い関係が長続きしないことが多いのだ。これは女に「私がいなくてもこの人は大丈夫なのね……」と思わせてしまうからで、心理学で言うところの「承認欲求」を満たすことができないからなのである。

ならばあなたは、「私だけにしか見せない顔を見せてくれている……」という特別感を相手に与えることで相手の承認欲求を満たすべく、懐に飛び込んでみよう。そうすることで、男女問わずに、あなたのことが気になる人が増えてくるだろう。これは恋愛でも友情に関しても通用する、人間の総合力が集約したスキルなのである。

山健はまた、東京へ来て博奕でスルと、石井進理事長の世話になっていた。あるとき、賭け事で世話になったお返しとして、山口組本家の物品を一時的に石井理事長のところに持ってきてしまったことがあった。

石井進は「そんなカッコ悪いことはしなさんな」と突き返したが、山本健一は「兄弟、そんなわけには……」と言い、押し問答となってしまう。それをそばで見ていたお付きの渡辺芳則（後の五代目山口組組長）は、石井進会長の気が変わらないうちにと、素早く自分たちの車に持ち帰ったという。〝兄弟〟関係の睦ましさが伝わってくる。

可愛がっていた渡辺芳則との間にも、山健の優しい心情が垣間見えるエピソードを残している。渡辺芳則が、ボディーガード役として山健の麻雀に付いていたとき、ついウトウトして居眠りしてしまったことがあった。そのとき、山健は叱るどころか渡辺を起こすこともなく、「そのまま寝かせておいてやれ」とひとりで帰って行った。後で目が覚めた渡辺は狼狽したことだろう。

これからわかるように、若い者に対してけっして手を上げたりしない。言葉を荒げたりすることもほとんどなかったという。

「叩いて直るんなら、犬や猫と一緒や。ワシは自分の若い者を犬や猫と思いたくない」と思っていたのだ。この言葉は一時、山口組にあって広く知れわたり、「さすがはカシラ（若頭）や」と若い衆を感銘させたという。

ヘタを売った若い衆や組員が鉄拳制裁を加えられるのは、この世界では珍しくない。場合によってはけがを負うことすらある。そんな中、若い衆には手を上げないという山健の在り方は特筆に値する。

山健は最新流行の服を自分の身に合った形で着こなす術を心得ていたが、それを周りにいた者が褒めたりすると、気前よく「持っていけ」と言った。しかし、ミニタンク体形の造りだったため、もらったところでどうにも着られなかったという。もちろん、これらは日常生活においてのことで、抗争時は若衆を激しく鼓舞した。

若い者に常々語っていたことは、「警察（刑務所）に対しては強くあれ」ということだった。これは竹中正久四代目組長にも共通する世界だ。山口組のトップや最高幹部は、伝統的に警察には強面であった。「留置場の床板が腐るか、自分の尻が腐るか、どっちが腐るか勝負したる（する）気持ちでいけ」と、取り調べや刑務所生活に屈するなと教え込んでいた。

これらからわかるのは、**上に立つ者は優しい心で若い者に接することが大事だ**ということ。鍛えるのはそれをベースにして行うべきなのだ。

家庭では女房の尻に敷かれるのが真の男

女性観・家族観はどうだったか。

お世話になることが多かった田岡文子夫人には甘えていた。「ウチの作った味噌汁を一番おいしそうに飲んでくれるのは健ちゃんや」と言われたりした。母性愛をくすぐるところがあったのだろう。

妻の秀子は才色すぐれた女丈夫で、天下の山健親分も彼女には頭が上がらなかったようだ。日常生活はほとんど彼女任せであり、衣服を身にまとう時なども、たとえば好きな帽子を秀子に取ってもらい、被らせてもらっていたという。

秀子の若い衆に対する躾は、厳しいものだった。若い衆をひっぱたくこともあったようで、山健組の若い組員たちは親分の前にいるときよりもピリピリしていたという。それゆえ、秀子は皆から「山秀組の親分や」と言われていた。

こんな話がある。昭和43年頃、大阪府警と兵庫県警が相次いで山健組の拳銃不法所持と取引などについて目を付け、組の幹部の多くが逮捕されてしまった。このとき、疑いの目は山本健一にも向けられ、その包囲網はじわじわと山健に迫りつつあった。これで夫が捕まったら組が壊滅しかねないとの危機感を募らせた秀子は、身代わり工作（?）をはかった。

日頃から目に付けていた渡辺芳則を呼び出して、「五郎（渡辺のこと、当時はこう呼ばれていた）どないや、おとうさんの代わり務まるか」と言ったのだ。渡辺芳則はニコッと笑って「わかりました。姐さん、それ以上は言わんといてください」と言うや、箱に入れて置いた12丁の拳銃を掴んで出頭した。警察に逮捕され、刑務所行きとなったのである。

このとき、渡辺が懲役覚悟の出頭をしなければ、間違いなく山健は拳銃不法所持の容疑で引っ張られていたと言われている。

この件に関する話としては、別のバージョンもある。秀子が山健の身代わりを立てようとしたとき、残っていた幹部を集めて茹で卵を食べさせた。そして、「あんたら、お父さんの代わりに、このチャカ（拳銃）持って出頭できるか?」と問いかけた。驚いて卵をのどに詰まらせる者、落っことそうとする者がいる中で、渡辺だけがニコッと笑って「姐《ねえ》さん、それ以上は言わんといてください」と身代わりを引き受けた、というバージョンだ。

いずれにしても、渡辺芳則が「ニコッと笑って引き受けた」というところは一致している。秀子はそのときのニコッと笑った渡辺の姿を忘れることができず、「どんなことがあっても、私は絶対にこの五郎（ゴロー）を男にしてやる」と誓ったそうだ。渡辺芳則が後に山健組二代目、そして山口組五代目組長となった裏には、こんなことがあったのである。

夫を守ってやり、二代目作りにまで貢献したのだから、山本秀子が〝極道の妻の鑑〟と評されるのも当然だろう。裏を返せば、夫への並々ならぬ愛がなければ極道の妻は務まらないということだ。

次は妻への愛情と家庭愛がうかがえる、山健のグッとくる手紙をひとつ。

筆まめな山健は、服役中に妻・秀子にこんな手紙を書いている。

《前略御免〝暑さ寒さも彼岸まで〟とやら、（彼岸までは）あと三十日位です。（病室の）裏の桜の大木の枝の冬芽も大分ふくらんで、春の来るのを待っている様です。先日、面会有難う。

一ケ月に一度、肝機能の血液検査をして貰っています。14日検診のとき、先生から結果を見ながら、悪くなっていないが、よくなってもいない。この病気は〈長い養生〉が大切で、〈チーズ〉を食べているからといって速く良結果が出るとはいえない由。

あの嫌いな〈チーズ〉を一ケ月程続けています。これからも毎日食べます。お蔭でこの頃平気で〈チーズ〉が食べられます。どんなことがあっても頑張って平気で帰宅しますから、安心して下さい。》

山健の心の中がわかるような、懇切丁寧な文面である。

受け取った妻の立場で言えば、「わたしは恋をしているだろうか。しかり、こうして待っているのだから」（ロラン・バルト）という気持ちであろう。こういうのを見ると、誰しも手紙とはいいものだなあと思うことだろう。

「有難う」という言葉も、メールよりも手書きで受け取ると何倍も気持ち（感情）が伝わってくるものだ。思いを伝えるには手書きが一番、というわけだ。

それはともかく、これからわかるのは一流の親分はひとり残らずと言っていいくらい、家庭を非常に大事にしているということ。女房、子供の存在が心の支えであり、励みにもなるのだろう。かたぎの人間以上に家族を大事にしていると言っていい。

さてここで、山健の手紙がもたらした効果を、恋愛と心理学的な側面から考察してみよう。この手紙は相手のためにちょっとひと手間かけている、というのが大事なところになる。面会時に「ありがとう」と言うこともできるだろうに、山健はわざわざ手間をかけて、妻への感謝の気持ちを込め、近況報告とともに手紙にしたためたのである。

男は基本ズボラで、会話や仕草に対して非常に無頓着だ。一方、女は言葉遣いや視線、仕草や態度などの微妙な変化から、相手の感情を読み取ろうとする。これは男女の機能的な差も関わっている。女は言語能力、小さい音を聞き分ける力、視野の広さが優れていて、男は空間認識能力や数学的な推理力が優れているのだ。女は直感的な感情を重要視して、男は理屈を重んじる。ここから導き出されるのは、**男は理屈ではなく、最終的には女の感情に叶うように行動することが女のハートを勝ち取る近道だ**ということである。

ヤクザは女を大事にする。大物になればなるほどそうだ。よく、家庭を治められない者に組織を治めることなどできはしないと言われるが、それは本当のことだろう。

第2章

人心収攬《らん》と信用させる技術

五代目山口組若頭

宅見勝

ビジネス編

利を与えて心を取り込む

生きた金の使い方をする田中角栄的金の活かし方

五代目山口組若頭の宅見勝は、1936年（昭和11年）に神戸市内で洋服仕立て業を営む家に生をうけた。幼くして父を亡くし、母も小学生の頃に亡くなっている。その後、伯母の家に居候しながら、大阪の進学校である高津高校に進んだ。

自由の利かない生活に苦しんでいた宅見は、高校を中退してさまざまな職を転々とする。きままな暮らしをしている中で、川北組との縁を得て渡世入りを果たした。そして川北組の解散後、山口組系福井組に入った宅見はその能力をいかんなく発揮することになる。

持ち前の怜悧な頭脳だけではなく、ときにはヤクザらしい暴力装置としての一面を見せながら出世

宅見勝・五代目山口組若頭と入江禎・宅見組二代目組長（神戸山口組副組長）

を続け、山口組が五代目に代替わりをした際に、ついにナンバー2である若頭への就任を果たした。こうして、勢力の拡大をし続ける五代目山口組の中心として、1997年（平成9年）に命を落とすまで精力的に活動していた。

宅見と言えば、ヤクザ社会では群を抜いた資金力の親分として名高く、別名〝山口組の金庫番〟。宅見以前のヤクザは、それほど巨万の富を有するといったイメージはなかったのだが、宅見だけでなく彼と同時代以降のヤクザは、折からのバブル時代があったことも影響したのか、軒並み巨額の金を有する存在となっていった。それと同時に、ヤクザは暴力だけではなくシノギで稼ぐ才能も必要とされるようになってきたのである。

宅見はいわば、経済ヤクザの右代表だった。その資金力は最低でも数百億円、一説では1000億とも言われている。どのようにしてその豊富な資金を使い、政財官界にまで影響力を振るうようになったのか。

「極道はこれからは日経新聞からシノギを探さなければならない」というのが宅見の口癖だったが、新しいヤクザ像を作っていった彼の人生からは、ビジネスマンが自分の仕事に活用できる数々のスキルを学ぶことができる。そこを踏まえて、宅見の人生を振り返りながら、彼の持つビジネス力を見ていこう。

ある関東の大物親分は、宅見のことを「稼いだ金を使ってさらに金を産む稀代の錬金術師」と評したことがある。「あんなヤクザは関東にはいない。凄い男だよ」とも。筆者のインタビュー中でのことだ。

金で人の心を掴めるものか、と思う人もいるかもしれないが、宅見若頭はその金の使い方が本当にうまかった。筆者が本人から聞いた話だが、「お中元、お歳暮ではそれぞれ1回につき3000万円ほど使うんだ」と苦笑していた記憶がある。

かつて取材をしたマスコミ関係者にも、数回にわたりお中元、お歳暮が届いたそうだ。インタビューで知り合った絡みでの宅見若頭の気配りだったのだろう。イタリアの名門七宝焼き工房が製作した、瀟洒な宝石箱など、さすがに高価な品が多かったという。これらの届け先は、おそらく数千人単位にのぼっていたのではなかろうか。何しろ付き合いのある人数が半端じゃなく多かったのだ。

このように、同業の組関係者やお世話になった人物だけでなく、一度だけしか会ったことのない人にでも贈り物をする。宅見ほどの人間にここまでされて嬉しくない人はいないだろう。

かつての総理大臣・田中角栄は、選挙の際、秘書の早坂茂三に金の配り方をこう諭したという。「金は、心して渡せ。ほら、くれてやる。ポン。なんていう気持ちが、お前に露かけらほどもあれば、相手もすぐわかる。それでは百万円の金を渡しても、一銭の値打もない。届けるお前がむしろ土下座しろ」と。

金の持つ力を存分に発揮させることができたのが田中角栄だ。こうして結集した田中派は鉄の結束を誇り、金と人の力で田中角栄を総理大臣にまで押し上げたのだ。

お金は使うだけではなく、使い方がとても重要だということがわかるエピソードである。田中角栄は金権政治の申し子のような存在で金にはうるさかったと言われているが、今でも彼のファンは政財官界からジャーナリスト、地元新潟の農家まで数多い。小学校卒という学歴でありながら、東大卒の大蔵官僚たちを心酔させた魅力の一端がこのエピソードにあらわれている。宅見も田中角栄同様に、金の使い方を心得ていた。

宅見が川北組解散後に所属していた山口組系福井組の頃から、福井組の組員だけでなく、かたぎの知人にも事業資金として貸付を行っていたのは広く知られた話だ。この頃の宅見は、後の経済ヤクザを想像させる、非常に鋭利なビジネス感覚を有した男として頭角を現し始めていた。

福井組の福井英夫組長は当時としては珍しい大卒のインテリヤクザで、大阪芸能協会や南海建設工業を持ち駒にして資金を調達していた。彼は宅見が持つ抜群の経済センスに注目して、宅見が所属していた川北組が解散した後、積極的に自分の組にスカウトした。

若い頃の宅見は製氷業を営んでいて、得意先の飲食店にフリーランスの芸人たちが出入りしていることに目をつけていた。芸人たちが客のチンピラたちとトラブルになったり、飲食店から出演料をもらえなかったりした際の後ろ盾になることを思い付く。そこで立ち上げたのが『南地芸能』という芸能プロダクションだった。

フリーの芸人たちを所属させ、飲食店や地域のイベントに派遣することで、どんどん会社を大きくしていく。フリーの芸人たちも、身を守ってもらえる上に給料も出る、そして仕事にもありつけるとなればありがたい。そうなると噂が噂を呼び、フリーだけではなく他のプロダクションに所属する芸人たちも評判を聞き付けて南地芸能に所属するようになる。当然、同業他社との軋轢も頻繁にあったが、そこは福井組の看板でカタを付けて、さらなる興行を打つ。当初はキャバレーへの派遣がメインだったが、この頃からはボクシングをはじめとする格闘技の興行も行うようになっていく。いまも続く興行＝ヤクザの図式はこの頃には出来上がっていたのだ。

そして宅見の見事な投資術が始まる。事業を起こそうという人間は、必ず資金を必要とする。だが銀行が、さして担保もなくどこの馬の骨ともわからないような男にお金を貸すわけがない。ましてやヤクザ風の男に資金を貸すなんてことは金輪際ない、といっても過言ではない。そこで宅見は、事業資金としての貸付けを行ったのだ。

宅見は当時から抜群の経済センスを発揮していたが、まだまだ若く、後のように金が唸るほどあったわけではなかった。このため、本来なら自分で使う予定の分も融資に回していたという。

宅見の言葉に以下のようなものがある。

「わしの若い時分、ヤクザゆうたら金なくて当たり前、せいぜい夢が風呂付きのアパートに入ることやった。車なんてのはな、タクシー上がりの何十万メートル走ったかわからん中古車や。それをピカピカに磨いて、それでも得意になって乗ってたもんですわ」

このような時代に**得た金を、貯めずに積極的に貸付ける。**こうすることで、周囲の信頼を得ていったのだ。その頃を振り返ってこう述懐している。

「他の組関係者からも一目置かれるようになったのです。そうすることで組仲間からの信頼も厚くなり……」

そうして、福井組に入ってわずか2年で若頭補佐に昇格するという異例のスピード出世を果たす。田中角栄同様、金と人の力が宅見若頭の武器となったのは論をまたないだろう。

人の信頼を得るために――山健に食い込んだテクニック

福井組にあって昇竜の勢いで出世を果たしていく宅見は、当初から山口組の直参になりたいという希望を持っていた。そうして金と才智と人の力を使って、その希望を叶えていく。直参になるにあたり、まずその夢を叶えるためのターゲットにしたのは三代目山口組若頭の山本健一（以下、山健）だった。飛ぶ鳥を落とす勢いの山口組にあって、

「わしの願いは日本一の親分の下で、日本一の子分になることや」

と公言し、三代目山口組組長の田岡一雄に忠誠を誓っていた武闘派ヤクザの右代表である。

当時の宅見は、山口組の直系組織の若頭で、本家の若頭である山健とは口をきくことすらはばかれる存在だった。そこで本家筋に近い人物に間を取り持ってもらい、山本健一が組長を務める山健組の幹部と接近し、偶然を装っての面会をミナミの高級クラブで実現させる。山健組の幹部や間を取り持ってくれた人物に多大な謝礼をしたことは言うまでもない。金を使うべきときに躊躇なく使うのが

宅見である。

狙いどおり山健と面識を得た宅見は、確実に儲けのでる出来合いの土地取引を持ちかけて、莫大な利益を山健にもたらす。その後も、手形取引や債権回収などで山健の利益に叶うように行動し、懐刀としての地位を固めていく。この行動から見るに、宅見若頭はアドラー心理学で言うところの〝信用〟と〝信頼〟の違いを理解していたようだ。

少し説明しよう。アドラーはユング、フロイトと並び称される心理学者で、すべての悩みは対人関係から発すると主張している。この対人関係に対する処方箋として、対人関係に悩む現代人にとても人気がある学者だ。このアドラー心理学において、〝信用〟と〝信頼〟は使い分けられている。**信用は裏付けや根拠に基づいて信じることをいい、信頼は条件無用で信じることと**定義されている。彼のことだったら四の五の言わないで信じる――そう思わせるものが「信頼」なのだ。

ヤクザの世界では裏切りは付きものだ。「親分が黒と言えば白いものも黒」とよく言われるが、これはできるだけ裏切りを少なくしたいという親分側からの統治システムを表したものである。残念ながら、裏では親分・子分の虚々実々の化かし合いが繰り広げられているのが現実なのだ。もちろん、そうではない親分・子分の関係も、ちゃんとあることはある。

それはともかく、このようなヤクザ界にあっては、「信頼」をその絆にすれば歴史に残るような親分・

子分の関係が出来上がるのではないか。

もしも信頼することによって、「裏切られたら馬鹿をみるんじゃないか」と思う人もいるかもしれないが、信頼とはその裏切りも包括して相手側の事情ゆえと考え、自分は懐疑を持ち込まずに相手をまんま認めるという無条件の世界なのである。そうすると不思議なもので、相手もひとかどの人物であればあるほど、この信頼に応えようとするものだ。宅見と山健の関係は、いつしかこのようなものになっていった。

こうして着々と直参入りに向けて足場を築いていく宅見は、山健だけではなく、周りを固める山健組の幹部や若い衆たちにもシノギを回したり、融資を行うことによって信頼を勝ち取っていった。融資を焦げ付かせるものもいたようだが、激しい取り立ては行わずに、仕事の面倒をみたりしてじっくりと返済を待った。現在、神戸山口組の二大看板とも言うべき宅見組と山健組との馴れ初めは、実にここ

から始まっていると言えるだろう。

そして直参入りして間もない昭和53年、名高い第三次大阪戦争が始まる。宅見はこの大阪戦争で山健と組んで抜群の戦功を立てることになる。

三代目山口組組長の田岡一雄が銃撃されたことに端を発したこの抗争では、資金力だけではなく武闘派の側面も見せた。抗争相手の松田組系の組長を射殺したり、ラジコンヘリにダイナマイトを積み込み、抗争相手のトップである樫忠義組長の自宅を空爆しようとして未遂に終わったりしている。一流のヤクザというものは、金だけではなく力も見せなければならないのだ。

表に出てわかりやすい力の行使もそうだが、このとき凄みすら感じさせたのが、相手の所在地や関係者を割りだす情報力だった。「情報を粗末に扱うものは現代社会では生き残れません」と宅見は後に語っているが、当時から彼は抜群の情報収集能力を発揮していた。

第三次大阪戦争以前のことである。山口組内の別の組とはいえ、もはや山健若頭の懐刀となり実績を積み重ねていた宅見は、山健組の一員と同様の信頼を置かれていた。そんなあるとき、山健若頭の自宅に呼び出された宅見は、山健若頭から「迷惑かけたな。悪いようにはしないから楽しみに待っててくれ」との言葉を受けたという。山健も宅見が山口組直参の座を熱望しているのは知っていたので、その願いを叶えるぞと暗にほのめかしたのだ。

そしてついに1978年（昭和53年）1月、直接の親分である福井組長の口添えという形をとり、山健の推薦を受けて山口組の直参となる。

推薦と言うと簡単なことかと思われるかもしれないが、大阪戦争前にはボンノと言われた菅谷組組長菅谷政雄が、北陸の帝王と呼ばれた傘下の川内組組長川内弘が本家への推薦を望んだことに腹を立て、射殺するという痛ましい事件が起こっている。推薦を望む者は裏切りものと看做されることがあり、推薦するほうもいずれは自分のライバルになるのではないかと疑心暗鬼になったりするため、このような悲劇が起きかねないのだ。推薦は、山健の宅見に対する信頼を示すものに違いなかった。

こうして山口組の直参としての宅見組を実現した宅見は、大阪戦争の終結に向けて尽力するようになる。相手を完膚なきまでに叩き潰そうとする山健に対して、健康に不安を抱える山健を慮る田岡の意向を汲み、誠心誠意、説得に当たった。田岡組長も山健を説得するには宅見しかいないと踏んでいたので、宅見は月に何度も飛行機で、東京─大阪間を行き来して説得していた。当時、山健若頭は持病の治療のため、東京の病院に入院中だった。

宅見の必死の説得で、最終的に山健も渋々同意して大阪戦争は終結を迎える。山健の怒りを表すかのような、相手の了解のない一方的な抗争終結、そして勝利宣言だった。

宅見の後見的な役割を果たしていた山健は重度の肝臓病を患っていて、大阪戦争終結の時点でかなり体調が悪くなっていた。なおかつ公判が控えていたので、宅見は一刻も早く病気の療養をしてもらいたいと考えていた。ただ宅見の思いも虚しく、抗争終結宣言時の記者会見などが仇となって保釈許可が取り消され、大阪の拘置所に収監されてしまう。

そして1981年（昭和56年）に田岡組長が68歳で亡くなると、山健の持病の肝臓病もどんどん悪化の一途をたどった。そこで宅見は、十分な医療体制で山健に治療に専念してもらおうと仮出所の働きかけに動いた。

ここで登場するのが大物ヤメ検弁護士だった真子伝次《まさこでんじ》だ。彼は元東京地検特捜部所属ということもあり、法曹界に広く顔が利く。さらに法曹界出身の政治家にも働きかけて山健の早期の仮出所を試みたのだ

同時に「ヤクザを入院させることはできない」と、さまざまな病院から入院を断られる中、辛抱強く交渉を重ねて、ようやく都内の大学病院が受け入れを決定する。だがここで、山健の容体が急変した。1982年（昭和57年）の1月27日、ついに山健若頭は刑の執行が停止され、翌日服役中の大阪刑務所から大阪・箕面の民間病院に搬送された。

この直後、宅見は山健若頭を見舞った。その際に山健若頭は「じきによくなるから、みんなにそう言っておいてくれ」と言ったという。これが宅見が聞いた山健若頭の最後の声になった。

肝胆相照らしたふたりの仲は終わりを告げたが、以上の話は宅見がどれだけ山健の信頼を得ていたかわかるエピソードと言える。一度信頼を得たら、どこまでも深い関係になる。ややともすると騙し合いが横行しかねないヤクザの世界だからこそ、信頼というものは血よりも濃い絆になるのだ。

ピンチを活かしてチャンスに変えるリストラクチャリング

田岡、山健を続けて失った山口組では跡目争いが勃発する。四代目を襲名した竹中正久組長率いる山口組と、これに反旗を翻した一和会の間で山一戦争と呼ばれる暴力団史上最大の抗争が始まった。

宅見はここで苦渋の決断を強いられることになる。大義は山口組にありと考える宅見に対して、親分筋である福井組組長の福井英夫が一和会に加担する動きを見せていた。宅見と山健が昵懇だったように、福井は一和会に移籍した組長らと切っても切れない間柄だったからだ。

もしも福井が一和会に移籍するようなことがあれば、宅見の面目は丸つぶれだ。そこで、福井宅を訪ねて説得を試みる。落としどころは引退。最初はどうすればいいか迷っていた福井だが、宅見の涙を浮かべながらの真摯な説得により、引退を決めた。もちろん引退後のさまざまな保証は、宅見から提示されたことだろう。

現在の山口組と神戸山口組の対立においても、引退する組長が出てきている。恩義を受けた手前、親分は移籍することができないが組員たちは移籍したがるという状況も出てくる。こういう時には上の者は自から身を引くことによって若い衆を守る、という選択肢も考慮しなければならなくなる。

一般人のビジネスの場面でも、部下を守らなければいけない場面に出くわすことだろう。そういったときには身を挺して部下を守ってやってほしい。たとえそのときは、上司や社長に逆らうことになったとしても、身を挺して部下を守ったというあなたの行動は、社内は言うに及ばず社外からも高く評価されるに違いない。

こうして後顧の憂いを断った宅見は、一和会の切り崩しに取りかかった。ここでも出色なのは情報を駆使した点にある。これまでも宅見組は情報を集めることに非常に定評があった。ただし情報は持っているだけでは宝の持ち腐れ。使って初めて効果を発揮するのだ。

まずは一和会の中心人物に揺さぶりをかけて、結束力にヒビを入れようと試みた。ターゲットになったのは、一和会会長山本広（以下、山広）の側近である伊原組組長伊原金一だった。

宅見は、かねてよりいざこざのあった組員を使って、山口組が全勢力を挙げて伊原組長のタマを取りにいくという噂を流したのだ。さらに伊原組幹部には山口組復帰を持ちかけ、これに「誰々は山口組に復帰したがっているらしいぞ」という尾びれを付けて攪乱情報を流す。こうすることによって、

1980年代の山口組総本部駐車場

親分は「あいつが山口組に復帰してわしを狙いに来る」、子分は「復帰したいけど、親分に殺されてしまう」と疑心暗鬼に陥らせることに成功するのである。

宅見は、「親分・子分、そして組員間の信頼のない組織はもろい」ということを誰よりもわかっていたのだろう。この流言飛語は絶大な効果を発揮して、伊原組長は韓国に逃亡した。姿をくらました井原組長には追い込みがかかる。井原組長の居場所の正確な情報が必要だ。情報（インテリジェンス）の重要性を誰よりも熟知していた宅見は、自慢の情報網を駆使し、ついに彼が韓国・ソウルにいることを突き止めた。

宅見が偉いのはそこからだ。一説によると、宅見から井原組長の情報を受けた有力組織の組長が、自ら韓国に乗り込み、組の解散を迫ったという。これは、井原組と敵対していたこの有力組織に、宅見がこの情報を伝え、その組織に追い込みをかけさせることで花を持たせた、ということだ。

味方を信じることができない疑心暗鬼にプラスして、山口組から命を狙われたプレッシャーからか、伊原組長は韓国から解散届を日本の警察に提出し、井原組を解散してしまった。

これは一和会側からすると致命的な出来事で、一和会の中心人物が命を狙われて逃亡した挙句に命が惜しくて解散してしまった、と受け取られた。

伊原は組員たちのことも気遣って引退をしたのだろうが、この場合、世間はそうはとらない。中心人物が山口組に完全に屈したように映ってしまうのだ。こうなると一和会会長である山広の管理責任を問う声が、一和会内から上がってくるのは自然の理というものだったろう。

一和会の会合で突き上げを食らった山広側は、窮鼠が猫を噛むように四代目山口組組長竹中正久の暗殺を企てるに至る。

筆者は、竹中組長暗殺前夜（昭和60年1月22日）に大阪で開かれた一和会の新年会の様子を、取材した記者から聞いたことがある。この新年会には、竹中暗殺の指揮をとった石川裕雄（悟道連合会会長）も少し遅れて顔を出していた。たまたまトイレに立った記者が用を足していると、石川がやってきて隣に並んで用を足しはじめた。隣り合わせた記者が、「今度ゆっくり取材させてください。話を聞かせてくださいよ」と聞くと、石川は「う〜ん、ワシ、いまは何かと忙しいんですわ。一息ついたら、そのときお願いしますわ」と答えたという。

「いまにして思えば」と、当時その記者は語ってくれた。「竹中暗殺の直前とも言える時期ですからね。石川さんは何か思いつめたような、緊張感漂う感じでした」と。

この暗殺は狙いどおり成功するが、親分のタマをとられた山口組の怒りは想像を絶するもので、一和会に対して徹底した報復が行われることになる。

一和会側も応戦して一歩も引かない構えを見せていたが、衆寡敵せず戦況は一方的に山口組に傾いていく。抗争が激化するにしたがって警察の締め付けや世間の目も厳しくなり、末端の組員はシノギをすることができなくなり、山口組もさすがに疲弊してきた。そこで宅見は抗争を継続しながらも終結に向けて動き出す。もはや組織の体を成さなくなっていた一和会に対して、事前交渉のない一方的な終結宣言を行う。そして空席の山口組組長に若手の四代目山口組若頭（二代目山健組組長）の渡辺芳則を擁立しようとした。

宅見は直参になったとは言え、組の序列ではトップクラスとは言えなかった。いわゆる座布団が上の人たちがたくさんいたのだ。ここで山口組の実権を握るために、若手の有望株である渡辺に白羽の矢を立てたのである。

渡辺擁立にあたり、宅見はここでも金と人を使い縦横無尽の動きを見せた。宅見の動きを見て勝ち馬に乗ろうとする動きがある一方で、組のベテランたちの中では、四代目山口組組長代行の中西一男を推す動きもあった。ベテランたちは若手に実権が移ることによって、自分の立場が危なくなるのではないかと感じてしまうからだ。

これは組だけではなくどこの企業にも当てはまる。若手に実権を持たせようとすると、それに反発するベテラン勢が出てくるものだ。ここでベテラン勢に完全なる譲歩をしては組織の風通しはよくならないし、ベテランを完全に切り捨ててもいけない。**ベテランと若手が融合して、お互いが補完し合う組織を作るのがベスト**である。

そこで宅見はベテランたちにしかるべき地位に就いてもらうことと、引退する人に対してはしっかりとした慰労金を払うことを約束し、花道を用意する。さらには組長になる渡辺から「五年間は組の運営を執行部に一任する」という約束を取り付け、彼らを安心させることに成功する。対抗馬だった中西もベテランたちが不遇な扱いを受けないという約束を得て安心したのか、渡辺の組長就任を受け入れたのだった。

これは企業においても言えることではないか。組織のリストラというものはいずれ必要になってくる。解雇や引退だけの意味ではなく、必要な人材を必要なところに配置し直して存分に腕を振るわせる。そうすることで組織は生き返る。

かつて日本の家電メーカーは世界を席巻したが、三洋電機はなくなり、シャープや東芝の家電部門も海外勢の傘下に収まることになった。リストラに成功したソニー、パナソニック、日立などは一時的に業績が落ち込んだものの、近年では好決算を出してV字回復を印象付けている。このような企業と同様に、組織の若返りを完了した山口組は黄金期とも言うべき時代を迎えていった。これも、ビジネス感覚に秀でた宅見の業績のひとつだったと言えよう。

大組織を動かすために積極的にブレーンを登用

宅見の経済活動を支えたのが、ブレーンたちだった。いくら宅見が経済に明るいと言っても、一人ですべてをこなすことはできない。土地取引には複雑な法律問題も出てくる。そこで経済や法律に明るい人物をブレーンとして重用していた。

少し例を挙げる。経済関係では住友銀行に食いこんでいた元イトマン常務の伊藤寿永光をはじめ、兜町の風雲児と呼ばれた仕手師集団「誠備グループ」の加藤暠、〝関西闇経済のドン〟と言われた許永中など。法律面では〝闇社会の守護神〟と呼ばれた元特捜のエース田中森一や弁護士の山之内幸夫。他にも税務経営相談団体や在日韓国人系金融機関などに関わる人物もいた。またブレーンとは違うが、田中を通じて安倍晋三総理の父である安倍晋太郎や、伊藤忠商事の会長を務め〝昭和のフィクサー〟の異名をとった瀬島龍三とも何がしかの交流があったことが知られている。

当時はいまと違って暴対法もなく、選挙に地場の顔役としてのヤクザが絡むことは当たり前の時代だった。たとえば聖域なき構造改革で絶大な人気を博した小泉純一郎元総理にもこんな話がある。彼の選挙区は横須賀で、ここはヤクザの世界では稲川会系が地盤としている。そのためか、小泉の選対本部長は稲川会系の元暴力団員だったと言われている。

ブレーンの存在は経営者、または経営者を目指す人にとっては必須と言っていいだろう。すべて自分でできると思っている人は、大きな組織は動かせない。経営者に必要なことは、ブレーンの意見に耳を傾け、実行役に指示を出しプロジェクト全体を見渡すことなのだ。

ここで、世界的企業であるＧｏｏｇｌｅ人事部のラズロ・ボックの話を紹介しよう。彼はＧｏｏｇｌｅが実践している組織マネジメントのコツを、著書の『ワーク・ルールズ！』（東洋経済新報社刊）で挙げている。この中であなたにも明日からできることとして、10のステップが紹介されている。引用させていただく。

１　仕事に意味を持たせる

２　人を信用する

3 自分より優秀な人だけを雇う
4 発展的な対話とパフォーマンスのマネジメントを混同しない
5 「2つのテール」に注目する
6 金を使うべきときは惜しみなく使う
7 報酬は不公平に払う
8 きっかけ作り
9 高まる期待をマネジメントする
10 楽しもう！

ここで、5に出てくる「テール」について説明しておこう。多数の人材の能力を分布図として表すと、極めて優秀な人材と優秀でない人材は両端に伸びる尻尾（テール）の部分で表される。通常の会社だと、中心部分たる平均的な人材に焦点を当ててマネジメントを行うが、Ｇｏｏｇｌｅは違う。優秀なトップテールと、優秀でないボトムテールに焦点を当てているのだ。トップには相応の報酬で報いる。ボトムには、彼らが置かれている環境に問題がないかを考える。少なくとも採用試験がまともに機能しているのならば、ボトムの能力もそれなりに担保されているはずで、彼らが能力を発揮できていないのは彼ら自身よりも会社側に問題があると考えるのだ。

さて、この10のステップは、企業だけではなくヤクザにも当てはまる。組織としては企業も組も一緒なので当然といえば当然だ。この中でブレーンの活かし方という点で注目すべきなのは、2、3、6、7だろう。

優秀な人は自分の能力を信用するあまり、他者の能力を過小評価することがしばしばある。さらに小さな自尊心からか、自分がすべてを支配しておかなければならないと考えるワンマン経営者もいるだろう。そういう人は小さな商店で商売をすることに留めておいたほうがいい。山口組という大所帯の舵取りをするという立場から、宅見若頭は**自分の能力の限界を見極め、自分より優れているブレーンを獲得して活かすことを厭わなかった。**

そして宅見若頭は、金を使うべきときには躊躇なく使った。当然のようにブレーンたちには最高の待遇で報いていた。報酬は誰にでも等しく払うのではなく、成果や能力に応じて払う。優秀な人材には金がかかるものだが、それ以上のものをもたらしてくれるのだ。

山口組内における一糸乱れぬ鉄の組織作り

宅見の組織作りはブレーンだけではなく山口組内にも及ぶ。五代目山口組若頭として山口組の運営を任されるようになってからは、信賞必罰、鉄の結束を誇る山口組を築き上げていった。三代目の跡継ぎ問題がこじれ、四代目の射殺事件により、組織のタガは緩んでいた。これをたたき直すべく、宅見は積極的に武力を用いていく。宅見が五代目山口組若頭に就任してからというもの、山口組は数多くの抗争を引き起こした。ざっと挙げてみよう。

1989年　山竹抗争（竹中組との抗争）
1989年　札幌抗争（稲川会との抗争）
1989年　みちのく抗争（極東会との抗争）
1990年　札幌事件（共政会との抗争）
1990年　八王子抗争（二率会との抗争）
1990年　山波抗争（波谷組との抗争）
1991年　名古屋抗争（運命共同会との抗争）
1993年　山極抗争（極東会との抗争）

北は北海道から南は九州まで、全国各地で抗争を引き起こしている。相手も稲川会、極東会、二率

会などと、もはや手当たり次第と言ってもいい。内部に不満がくすぶっている時は、外に共通の敵を持つことが一番いいと言われているが、それを実践しているのだ。

宅見は抗争において、最初に圧倒的な力とスピードを見せつけることを心掛けたようだ。これによって、相手の戦意をくじき、有利な条件で和解していく。その結果、山口組の勢力は三代目時代や四代目時代に比べ、比較にならないほど日本全国に広がっていった。これらの抗争の中で、山口組が正式に東京進出を果たしたとされる「八王子抗争」を見てみよう。

1990年（平成2年）2月14日、東京八王子のスナックで二率会八王子一家西山組と宅見組系幸田組の組員がいざこざを起こす。一度は沈静化したが、夜中に幸田組の組員が西山組の事務所に乗り込んだことで再燃する。西山組の組員は激怒して、幸田組の組員を刺殺してしまう。

かねてより水面下で東京進出を進めていた山口組は、この事件を利用して組を挙げての抗争へと発展させる。かつて山口組は、関東の組織と多摩川を越えないという紳士協定を結んでいたが、折しもバブル経済真っ盛りの東京をみすみす逃すものかと進出を既成事実化していった。

この抗争で山口組は20回にも及ぶ銃撃を重ね、二率会を追い詰めた。そして2月25日には、二率会会長が山口組本部を訪れ、宅見に組員の殺害を謝罪して和解した。この和解は条件なし、五分の和解と言われているが、山口組としてはこれを契機に、東京の各地に山口組の代紋を直接的には掲げない事務所を開き勢力をさらに拡大させていくことになる。

ビジネスシーンでも、敵を作ることで組織を大きくしていく例は枚挙に暇がない。これを代表するものが派閥だ。会社における派閥は、公的なもの（フォーマル）と非公式（インフォーマル）なものに分けられる。公的なものはいわゆる部署と呼ばれるものであり、非公式なものは地縁・血縁や出身校などを基盤とした人的なつながりに基づくものだ。これを経営者は利用して、派閥間の適度な競争を煽ることで企業全体の業績アップにつなげることができるのである。ここで注意しなければならないのは、競争はあくまで〝適度〟であることだ。健全な緊張感のある派閥間の関係は、組織にプラスに作用する。常に競争相手がいるというのは、利益を上げなければならない企業にとっては必須の条件でもある。

ここでトヨタを例に挙げよう。2010年のウォールストリートジャーナルの報道の結果、リコール問題に揺れるトヨタで派閥抗争が激化していると伝えられた。創業一族の豊田家を中心にした一派と、非創業系の一派による対立だ。2008年にはリーマン・ショックが起き、赤字に転落。2009年から2010年にかけては大規模リコール、2011年には東日本大震災やタイの大洪水と危機的状況が続いていた。このように続く危機に社内は「派閥抗争どころではない」と一致団結する。そして2014年3月期の決算において、2008年3月期以来の最高益を更新するまでに復活した。当初は悠長に派閥抗争を行っていたが、トヨタという世界的な企業を襲った危機をバネにして結束したのだ。一連の危機は社内をまとめあげるのに絶大な威力を発揮した。

宅見も外に敵を作ることで一致団結を図り、その間に内部の規律を引き締めていった。こうして暗殺される1997年（平成9年）まで、山口組は拡大の一途を遂げる。ビジネスでは敵は作らないにこしたことはないし、危機も招かないほうがいい。この場合は敵ではなくライバル会社と置き換えてほしい。ライバルとの戦いで士気を挙げ、その間に組織を引き締める。これが重要なのだ。

恋愛編

女心を惹き付ける「男の色気」を磨こう

自己開示をすることで相手の信頼を獲得する

前節では宅見の人生をなぞりつつ、ビジネスに活かせる部分を取り上げてきた。ここでは彼のエピソードから、恋愛に活かせる部分を取り上げたい。

端的に言ってヤクザはモテる。というよりも宅見以降のヤクザはモテるようになった、と言ったほうがいいかもしれない。それは今までのヤクザにあった〝力〟に加えて、〝金〟を持つようになったからだ。美女が金も力もない寡黙な男に惚れる……というのは基本的に映画や小説の世界だけ。誰だって金も力もあって、誠実な男を望む。

英雄色を好むではないが、宅見若頭にも本妻の他に愛人がいた。某芸能人の姉と噂される聡明な女性だった。ホステスをやっていた彼女には4歳になる子供がいた。やがて宅見とこの女性との間に子供が生まれたとき、宅見はこの女性の連れ子ともども認知している。重婚になってしまうので入籍はできなかったが、養子縁組をすることで宅見姓を名乗ることができるようにしたという。このような気配りができる男が、女にモテないはずがない。

何より宅見勝という男は、ヤクザだとかなんだとかに関係なく、不思議と男の色気を感じさせる人間だった。

筆者は宅見の実兄から、宅見勝の生い立ちや少年期の様子を聞いたことがある。それによると、早くに両親を亡くした宅見兄弟は、それぞれ親戚の家に引き取られ兄弟がバラバラに暮らさざるをえなくなったようだ。親戚とはいえ実の親ではない人に育てられた宅見勝の寂しさや辛さは、当人でないとわからない。実兄は堅気だが、「そういう環境が勝をヤクザの世界に導いたんでしょう」と述懐していた。実際に辛い日々を過ごしたようだ。

さて、宅見が三代目山口組若頭山本健一の信頼を得るまでのエピソードは前述した。信頼というのはビジネスだけではなく、恋愛でも非常に大きなウエイトを占める。もしもあなたに気になっている女性がいたら、相手の信頼を得るためにまずは自己開示をすることをおすすめしたい。失敗談やプライベートな悩みを相手に伝えることができれば、なおいいだろう。

心理学に有名な実験がある。ある人に「アカデミックな研究をしています」と言わせ、また別な人に「性的な悩みを抱えています」と言わせて、その両方を聞かされた被験者がいったいどちらに親近感を覚えたか、という実験だ。答えは明瞭で、「性的な悩みを抱えています」と自己開示した人のほうにより親近感を感じる、という調査結果がでた。そして親近感を感じたほうに対し、被験者はよりプライベートな相談を持ちかけたという。

相手がしてくれたことに対して、こちらも何かしなければならない。こう考えてしまうことを〝返報性〟という。これはビジネスでも恋愛でも人間関係があるところならば、すべてに通用する人間の原理と言っていい。

そこで相手に〝特別な人と思われている〟と考えれば、相手もこちらを〝特別な人〟と認識することが多い。これは以心伝心というもので、とくに悪意や嫌悪といった感情の場合、この法則は顕著にあらわれる。

では、好意や愛情といった感情の場合はどうだろう。この法則でいくと、こちらが好意を持てば相手も好意を持つ、となるはずだが、残念ながらそう単純にはいかない。相手に対して好意を伝え続ければいいと考えてしまいがちだが、一歩間違えればストーカーになってしまうので、相手との距離を認識して相手に伝えてほしい。

とはいえ、相手がこちらをなんとも思っていなくとも、こちらが相手に好意を示せばふたりの距離はグッと狭まる。少なくとも、あなたを意識するようにはなる。あとはあなたのテクニックと愛情の強さ次第だ。

こうして**あなたを特別な人と認識させることに成功したら、金と力、その他の持つものすべてを投資して、相手の望むことを叶えよう。金額の多い少ないはあまり関係ない。いかにして誠意をみせるかがここでは大事**になってくる。

ここで知人の元ヤクザの話をしたい。彼が刑務所に入っていたとき、付き合っていた女に毎日のように手紙を書いて送っていた。発信には制限があるのでその中で自分がうまく書けた手紙だけを送っていたという。1年程度の刑だったので、ちょっとすれば出所できるのだが、これは本人が寂しいから送っているだけではなく、付き合っている女と別れたくなかったから必死に書いていたそうだ。言い換えると、女に捨てられたくない一心で。

刑務所に入る前は、いままで言うオラオラ系の男と夫唱婦随でついていく女、という感じだったのだが、主導権は完全に女が握っていたのだ。捨てられたくない一心で、誠意を見せ続けた。手紙の内容も、早くシャバに出て彼女と遊びたいといった他愛のないものだったようだ。その結果、この元ヤクザは足を洗い、いまはその彼女と結婚して子供ももうけている。彼女が、いつ命を落とすかわからない世界から足を洗うことを望んでいたから、ということだ。

これなど、誰にもできそうなことである。誠意を示す、ということは結構女に通用するもののようだ。

もうひとつ、東北地方の都市部で活動するあるヤクザから筆者が聞いた話を紹介しよう。

このヤクザが、知人に連れられてあるクラブに行った。好みの美人が席についた。口説きたくなったこのヤクザがまた来ることを告げると「では、同伴して」とのこと。翌日、そのホステスと同伴して一緒に食事した際、ずばり「お前が好きになった。付き合ってくれないか」と口説きにかかり、用意していた50万円を差し出し、頭を下げながらこう言ったという。

「頼むから受け取ってくれ。俺と付き合う気がないならないで構わん。その金は今日一緒に食事してくれたお礼だ。ただ、付き合う気がないなら、今後二度とお店には行かない。お前に迷惑かけたくないから。付きまとわれるのは嫌だろうから」

ホステスはあっけにとられた顔をしていたが、みるみるうちに涙をあふれさせ白い指で顔を覆ったという。結果は言うまでもない。この美人ホステスは後日、「お世話になります」という言葉を添えて、このヤクザの情婦になった。

50万円をポンと出すなど、一般サラリーマンにはなかなか真似ができない行為だが、女の心を勝ち取る「原理」は学べる。まず、金の出し方。偉そうに出すのではなく、あくまでも低姿勢で、「受け取ってください」というやり方で出す。これは女のプライドを傷付けずにすむ。同時に、「(気に染まぬなら）付き合ってくれなくてもいい。ただし、この金はそのまま、あんたにあげる」という心意気。この「私の心を傷付けないふたつの思いやり」が、そのまま女心に火をつけたのだ。差し出すのは数万円でいい。「お前が好きになった」という率直な思いと、「大事に考えているんだ」という真面目な心を示せばいいのである。一般人のわれわれにも学べる「原理」と言えよう。

釣った魚に餌をやるのがもてる男の秘訣

「釣った魚に餌をやらない」――このような男がけっこういるが、モテるヤクザは違う。釣った後も餌をあげ続けるのだ。ときにはとんでもなく豪華な餌を。

前述の宅見の愛人は、とても事業欲のある働き者の女性だったという。高級クラブのホステスをしながら、山口組系の事務所の下の花屋に勤めていたという噂もある。宅見は彼女に出資して、その事業欲を満たしてやった。

まずは大阪のミナミに高級クラブをオープンさせる。ちなみにこの店は宅見若頭関係の店として有名になり、関西系の芸能人やスポーツ選手などがよく訪れていたそうだ。彼らの間では、彼女は宅見姐さんで通っていた。ヤクザの親分はもちろん、事業で成功した経営者がタニマチとなって、芸能人やスポーツ選手にチップを渡す関西における夜の社交場とも言えるクラブだった。チップと言っても最低数万からときには100万円単位になる、かなり豪快なものだった。

東京の人間も、関西で興行を打つ際は、山口組に話を通すためにしばしば訪れていた。当時は話を通さずに興行や撮影などをすると、必ずと言っていいほど組関係者が邪魔をしにきて商売が成り立たなくなった。だが山口組に話を通すと邪魔は綺麗さっぱりなくなる。そういう時代だった。興行師や映画のプロデューサーは、ヤクザともうまくやっていく能力が必要だったのだ。

宅見の愛人はその後、料亭を買収したり、ステーキハウスをオープンさせ繁盛店にしている。もともとの才覚もあったのだろうが、宅見の〝陰に日向に〟の援助が店の繁盛に効果があったことは間違いないだろう。このように**釣った魚に餌を与え続けて、常に特別な存在と意識させることは、女を引き止めておくことに非常に大きな効果を発揮する**のである。

女はヤクザの株を上げる故に彼らは女に優しい

ドラマや小説などでは、自分と付き合っている女をシャブ漬けにして風俗に落とすという話がある。

風俗で働いている女性と付き合うヤクザは多いが、あえて風俗に落とすというのはチンピラでもごく一部だ。筆者が見てきたヤクザは本当に優しい。常に切った張ったの世界で意地を張っているからか、プライベートくらいは穏やかに人間らしい生活をしたいのかもしれない。個人的な感想だが、親分と呼ばれる出世した人たちのほうがこの傾向は強い。一方で女を粗末に扱うヤクザは間違いなく出世しない。

ヤクザにとっての女だが、連れて歩く女が美人であればあるほどステイタスになる。いい服を着て、いい女を連れて歩く。若い衆も、親分がくたびれた女を連れて歩いていたらがっかりするだろう。その若い衆も他の組からバカにされてしまうことだってある。だからヤクザは美人を連れていることが多い。そうでなければならないのだ。うだつの上がらないヤクザでも、美人を連れているだけで一目置かれることもある。

かつてはクラブの女性だけではなく、芸能人を連れて歩くヤクザも多かった。最近ではコンプライアンス上、芸能人とヤクザの付き合いが難しくなったが、若手のグラビアアイドルがヤクザの愛人なんていうことは普通にあった。そういう女とヤクザが同席している姿を、筆者も何回か見ている。かつて警察のマル暴の資料が流出して、その関係者リストの中にヤクザの情婦として有名なグラビアアイドルの名前があり世間を騒がせたこともあったのだ。

いい服を着ていい女を連れていい店で食事をする

アメリカの心理学者、ジャニスによって行われた実験を紹介しよう。被験者たちをふたつのグループに分け「アメリカの軍隊について」「がん治療について」「月面旅行」「３Ｄ映画」についてといった、やや難解な文章を読ませた。その際、ひとつのグループにはコーラとピーナッツを与え、一方には何も与えなかった。文章を読み終わった後、このふたつのグループにそれぞれ内容についての印象を問いただしたところ、コーラとピーナッツを与えられたグループのほうが文章の内容を肯定的にとらえていたという。

さて、デートには食事が付きものだ。食事には緊張を緩和する効果があると言われている。前述の実験のように、何かを口にしながらだと人の言うことを受け入れやすくなるのだ。恋愛だけではなくビジネスの世界でもこれは通用する原理だ。ビジネスランチ、料亭政治、接待なんて言葉があるが、これは〝食事をしながら〟の効果を期待したものなのだ。何よりも一緒に食事することで親近感が強まるし、女が食物を口に入れる行為そのものが、性行為（口唇愛撫）を連想させたりする。

金を持っているヤクザが、東京だと銀座や麻布、大阪だと北新地といった値段の張る場所の飲食店

宅見勝と竹中正久・四代目山口組組長、中山勝正・四代目山口組若頭

で食事をするのは、この緊張緩和の効果と相手のために特別なことをしているというふたつの効果を利用して、相手を、またデートの場合だと女を、満足させるためである。

また、食事に連れて行った際には、プレゼントを渡すことも考えられるだろう。マンションをもらったとか、世界で100個しかないバッグをプレゼントされた、なんて景気のいい話をいまでも耳にすることがある。相手の歓心を買うためにはプレゼントも非常に効果があるが、相手の望んでいないものをプレゼントしてもあまり効果がない。ヤフーオークションや質屋に、どれだけ限定モノの高級なバッグやアクセサリーが持ち込まれているかを見ればわかることだ。

ここでは相手の返報性を刺激するプレゼントをす

るべきだ。ビジネス編で述べたが、宅見はお歳暮お中元で1回3000万円を使っていた。社会的なステータスがある人が、高価なプレゼントを行うことで効果を発揮しているのだ。まだ社会的なステータスがないならば、相手の情報を得て、ほしがっているものを与える。これが人の心を捉える秘訣なのだろう。

草食系という言葉が流行ったが、それでモテるのはモテる才能がある人だけ。ヤクザのように努力をすることが、普通の人にとって恋愛で成功するための唯一の道なのである。

第3章

ターゲットを意のままに操るための仕上げ術

五代目山口組組長
渡辺芳則

ビジネス編

無言で居ながら、末端までトップの意志を貫徹する

ヤクザの人生設計

渡辺芳則の前半生をたどるとき、彼が若くしてそれなりの人生設計を持っていたことがわかる。けっして貧しい家庭に生まれたわけではない。栃木県壬生町の実家には筆者も行ったことがあるが、たいそうな土倉のある地主風のお屋敷であり、富農の名家であることがわかる。

中学を卒業して上京した渡辺は蕎麦屋の店員として働いていたが、浅草の飯島連合会系のテキヤで修業するようになった。やがて山健組の幹部と知り合って、神戸に移住した。山健組の三輪正太郎を介して、山本健一の盃をうける。渡辺芳則20歳のときである。

この身のふり方に、若き渡辺芳則の人生選択が感じられるのだ。浅草の飯島連合と言えば、明治30

年創業の老舗テキヤである（ちなみに山口組は大正4年創立）。渡辺が草鞋を脱いだ頃は全国でも最大級の勢力で、昭和30年代のテキヤ稼業は高度経済成長に乗った躍進の時代でもあった。しかし渡辺は、博徒の力に魅力を感じたのである。しかも誘われたのは、山口組の中でも本流の安原一門（三代目山口組の若頭・安原政雄）の出で、当時イケイケ軍団として名を馳せていた山健組であった。

その人物の人生観や価値観をはかる上で、最も客観的なものさしになるのは批判的な人間による論評であろう。渡辺の死後、元親分である彼を批判した盛力健児の『鎮魂』（宝島社）によると、渡辺が盛力に、お前の極道人生は失敗だったのではないか、と語ったエピソードが紹介されている。

その理由として渡辺は、盛力が長期刑を背負ったことを挙げたという。つまり、山口組のために長期刑に服した（松田組との大阪戦争で懲役16年）盛力をあげつらい、その極道人生を否定するような言辞を弄したというのだ。これで盛力は渡辺から心が離れたとしている。

そのような会話があったのかどうか、筆者は検証・評価する立場にない。これが事実だとする前提で見ると、たしかに渡辺の人生観がそこにはある。ヤクザは組織のために血を流し、お務めを果たすことで貫目を重ねる。慶弔の義理事・喧嘩の仲裁・親分への奉公、そして子分たちへの愛情とその具現化としてのシノギの大きさも問われる。そして渡辺が言うとおり、あまりにも長い懲役で人生の最盛期をうしなうことも、残念ながらヤクザ人生にはあるのだ。

ヤクザが刑務所のことを「大学」と呼ぶのは、無理に本を読まなければならないのと同時に、務めを果たすことで得られる経験や、獄中でしか得られない人脈を大切にするからだ。ヤクザはしばしば、獄中で代紋を超えた義兄弟を作る。しかし、その大切な時機も三十代・四十代の働きざかりに長期にわたって重なってしまうと、ぎゃくに時代に乗り遅れることになりかねない。拘禁性ノイローゼや刑務所ボケという症状も人によっては出る。

その意味で、盛力が批判している渡辺の極道人生観も、それが批判として当たっている一方で、ヤクザ人生にとっては満額回答に近いものにもなるのだ。そつがないのである。渡辺は23歳のときに山本健一の罪をかぶって函館刑務所に服役し、その後は松田組との大阪戦争で懲役2年4ヶ月(38歳のとき)を務めている。

元々は座布団が上だった(『鎮魂』による)盛力が刑務所で過ごしていた時期に、山口組の中枢からトップに登りつめたのは、時宜にかなった渡辺の計画性ゆえである。そうでなければ、タイミングと運に恵まれていたというべきであろうか。

働きざかりの時に社会不在でなかったからこそ、渡辺は組織の大規模化による経済合理主義、平和外交路線による他組織との共存、よってもって警察組織の介入を排除することに成功したのだといえよう。ただでさえ浮沈の読めないヤクザ人生の設計とは、かように重大なものだ。

「俺が黙ってることで、うまく行くのやったらええやないか」

山口組五代目、渡辺芳則の言葉である。

圧倒的な権力を握った人物は、その権力を行使すべきではないのかもしれない。絶対的な権力者がものを言えば、たちどころにその批判が向かった対象は排斥される。おそらく彼の思惑を超えていっさいが処理され、あるいは排除されるであろう。みずから乗り出して権力を行使すれば、その災禍はかぎりない。

したがって、冒頭に引用した渡辺芳則の言葉は、彼の最高権力者としての自制を語ったものであると同時に、彼の組織論の一端でもある。山口組四代目をめぐって分裂した山一抗争が終焉した後、山健組の当代である渡辺芳則が五代目を継いだのは自然な流れだった。けれども、渡辺個人が突出したリーダーシップやカリスマ性を持って抜きん出たのかというと、実はそうとばかりも言えない。

五代目体制の成立は、山一抗争の中から育まれた世代交代であった。その体制を支えたのは、渡辺と同じ世代の直参衆であった。とりわけ宅見勝や後藤忠政、司忍、中野太郎らは武闘派でありながら、新しい経営センスを持っていた。つまり渡辺芳則の五代目体制とは、経済にも秀でた同世代の直参衆

五代目山口組組長襲名時の渡辺芳則

によって支えられた、いわば連合政権だったと言うことができよう。

渡辺自身は山健組という最大派閥の領袖《りょうしゅう》であって、その王国は分厚い官僚機構とも言うべき執行部の上に成り立っていた。それゆえに渡辺は、あまりものを言わない親分、リーダーシップを感じさせない組長と世間に思われてきた。事実、彼は沈黙することで組織の円滑な運営を促したのである。

山一抗争以降の山口組は鉄の沈黙を保ち、渡辺自身もマスコミのインタビューやコメント要請に応えることはなかった。マスコミが勝手に書く分には仕方ないが、みずからコメントするのは禁じられたのだ。

その理由はいくつかある。まず第一に、山一抗争のときに一和会の加茂田重政らの幹部が必要以上にテレビに登場して、山口組の怒りを買ったこと。渡辺はこれを、竹中正久の「日陰者のヤクザがすることではない」という教訓として体現した。

第二には、渡辺自身が元々寡黙な人間であるということ。彼はその寡黙さを「沈黙」の原則としてきた。

そして第三には、山口組の組員がマスコミに露出することで、相互に「俺が一番強い」「われわれが最強軍団だ」などと、顎（言葉）で競い合う愚を避けさせたのである。男の嫉妬ほど恐ろしいものはない。

渡辺の治世下、山口組はマスコミ取材は不可だった。沈黙の組織には、付け入るところがないはずだ。時代はすでに山口組の武力進出の時代ではなく、立ち行かなくなった地方の独立系組織を、山口組が包摂してゆく過程にあった。

一般企業の場合、責任の分散化（末端までの周知）は組織系統によって行われるが、それがうまく機能するのは人材も資金も豊富な大企業に限られる。中小企業の場合は組織的な手続きに時間的な余裕がなく、ほとんど現場の諸個人（中間管理職）に任される。組織の方向性を徹底する指導の集権化も、おそらくは縦系統の細い命令システムでしか機能しない。それゆえに、現場の責任が増大する傾向にある。したがって**その欠陥をおぎなうのは、全組織員を動員した意志統一をどこまで広げられる**

かということになる。
この命題は後述する「山口組の民主主義」という、一見して失笑したくなりがちだが実は案外真実を突いているテーゼで明らかにするとして、ひたすら巨大な組織力を追求した渡辺芳則の考えに注目してみたい。

組織力による経済合理主義

渡辺芳則はしばしば、徳川家康にたとえられてきた。ヤクザの2人に1人は山口組となった時期に、山口組幕藩体制論が語られた。徳川幕府が諸大名に松平姓を下賜し、幕藩体制に縛り付けた史実、あるいは縁戚化による同族化をはかったことが想起される。いずれにしても、山口組の巨大化により、自然発生的にマスコミなどで生じた評価が「幕藩体制論」だ。

【五代目山口組の統治原理】

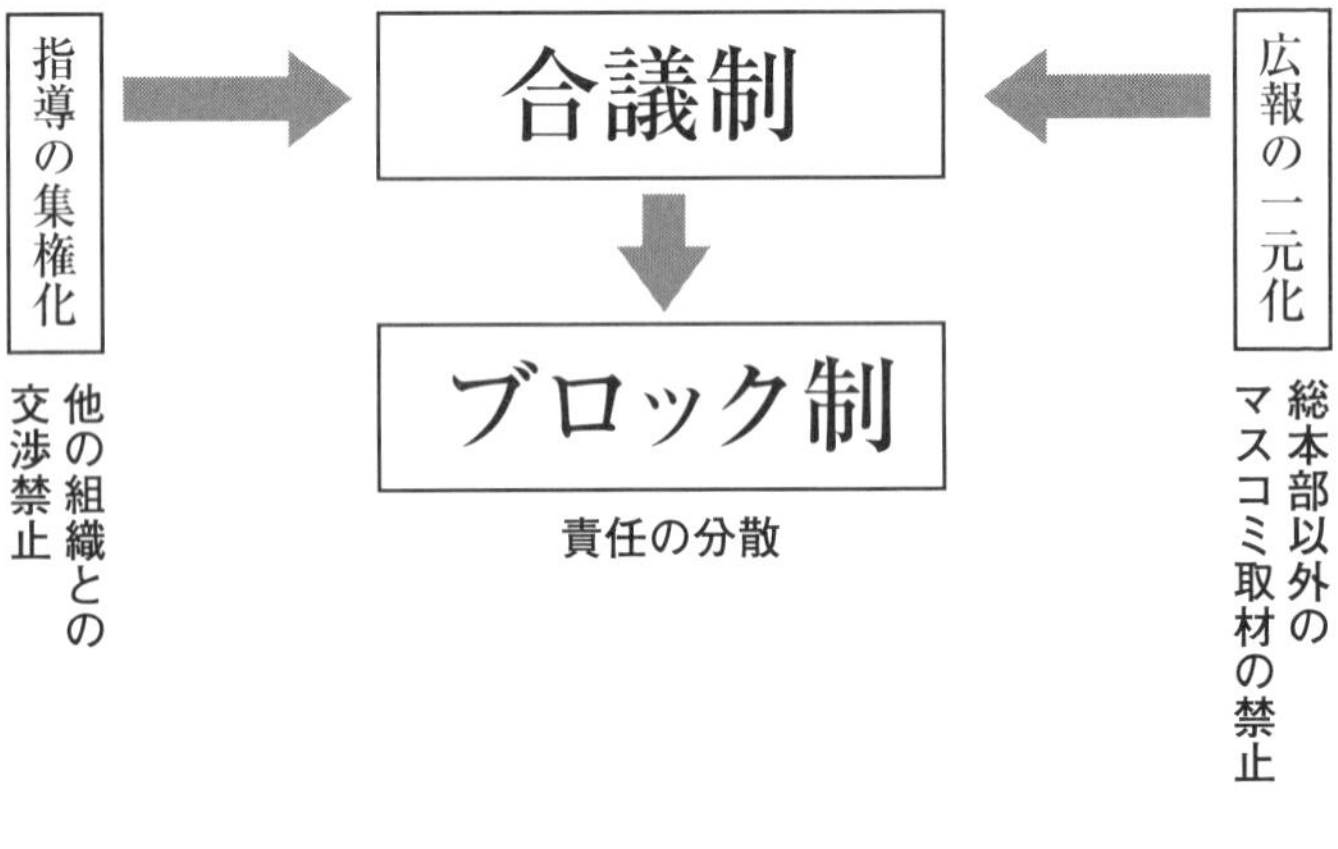

四代目山口組（竹中正久）が一和会と分裂したときに、双方の組員を合わせて1万人強という勢力だった。それが渡辺の五代目になって、最多期の直系組織120団体以上、構成員3万人以上の山口組へと急激に増加した。

その間、パチンコ業界からのヤクザの締め出し（プリペイドカードの導入による）、暴対法による代紋（看板）や名刺の禁止など、さまざまな規制から独立系の組織が稼業に困ったすえ、山口組の傘下に入るという流れがあった。

このような組織拡大の基礎の上に、渡辺は運営費（会費）を低く抑えることで、組織の伸長をはかる。80年代には四国（松山）及び北海道、90年代には東北各県、2000年代に入ると東京に進出してガリバー化の地歩を築いた。その組織拡大路線は、渡辺が意図的に追求したものだった。

「組に若い者が十人おったとして、一人懲役に行かす、と。九人から毎月一万円ずつ（懲役に行った者に）やったとして、月九万円しかあらへん。百人おって一人懲役に行かすと、百人おったら、毎月一万円ずつ渡すところを千円にしてもそれ以上のカネになると。こういう考えを持っているからね。経済的にも楽できる、組織も温存できる、と」（『山口組経営学』溝口敦、竹書房）と、渡辺は語っている。

これを経済合理主義と謗《そし》るのは簡単だが、渡辺の視野には組員ひとりひとりの生活がある。経済的

渡辺と桑田兼吉・山健組三代目組長

な基盤は、身内から搾り取るものでまかなってはいけない、という考え方である。財政基盤は他に求められた。これは当時の宅見若頭の考えと一致していた。かつて、宅見若頭は筆者のインタビューに、「ワシには、山口組の末端組員の生活の心配をしてやらなきゃならん義務がある。それも若頭の務めや」と語っていたからだ。

公《おおやけ》では沈黙し、必要なシーンではそっと動け

組織の拡大は、新たな経済体としての拡大を求める。しかしそれは、従来の用心棒代などの労働集約型から、高付加価値を生む業態への路線変更をともなった。

暴対法によって稼業が厳しくなっていく中で、

山口組はもっぱら若頭の宅見勝の経済手腕によって、巨大プロジェクトの利権を手にしていった。京都駅改修にともなう再開発、四国架橋事業、名古屋新空港、神戸空港など、巨大プロジェクトの共同企業体形成に際して、参入業者から権利金を徴収して業者の取りまとめ役を果たす。同時に傘下のフロント企業をこれに参加させる。もはやヤクザは、繁華街の店の守り代（みかじめ料）や用心棒代をシノギにする時代ではなくなっていた。

官・民・暴の一体化による再開発と大規模プロジェクトこそ、80年代末からのバブル経済と地上げをになった闇の経済体である。この経済体が不都合なく動くためには、広域組織同士の平和共存が絶対条件であった。

たとえば京都駅の再開発事業（90年代初頭）においては、経済体の中枢に消費者金融大手の武富士が入っていたために、その交渉をめぐって会津小鉄会（京都）と争いが生じた（4年間に7人の死者が出る大抗争）。このため、山口組若頭補佐の桑田兼吉と会津小鉄の図越利次若頭（後に会長）、広島共政会の沖本勲会長が兄弟分になることで、融和策を講じなければならなくなったのである。

そしてその結果、中野太郎と宅見勝の不和が生じて、中野会の組員たちが宅見勝を射殺するという事態につながる。ヤクザの平和外交路線の危さを物語る一件だが、渡辺はこの件でもひたすら沈黙することで、組織の動揺を抑えた。渡辺が興した山健組健竜会の原則は「団結・報復・沈黙」である。

黙して語らず、みずからは発言も控えめに振る舞うことで、組織の円滑な機能をうながす。それゆえに「陣頭に立たない」とか「個性が感じられず、人気がないのではないか」などという評価が渡辺には付きまとった。同じく「君臨すれども統治せず」を晩年に体現した三代目・田岡一雄の絶対的存在とは違い、連合政権の盟主にすぎない渡辺においては、この風評はやむをえないものだったのかもしれない。

しかし、そんな渡辺の評価をくつがえす証言もある。長らく山健組の重鎮として、渡辺をささえた太田守正である。太田の若い者が、稲川会の若い者を殺害する事件が発生したときのことだ。事務所の二階で自主謹慎していた太田を渡辺が訪ね、先方の墓参りに行くことを命じたのである。山菱の代紋が入った箱入りの線香を用意し、太田の目の前で稲川会の幹部に連絡していわく、「先方には話したで。行ってこい。直接お前が行って、誠意を見せることでお前の株が上がるんやないか」と。

上京した太田は稲川会の幹部たちに歓迎され、犠牲者の墓前に手を合わせて供養した。帰路は熱海の稲川裕紘会長を訪ねている。その経過を渡辺は稲川会の幹部と連絡をとりつつ、遠隔から管理しているのだ。東京における太田の動静は、すべて渡辺によって情報収集されている。みずからの後見人（稲川聖城）の組織だから当然かもしれないが、**公の場では沈黙をつらぬき、必要なシーンでは手ずから政局に臨む**。深謀遠慮な経営手法のひとつである。

民主主義は信賞必罰である

山口組の原則は、不言実行・信賞必罰であるという。言い換えれば論功行賞、実力主義でなければ組織の活力がうしなわれるということだ。そこで問題になるのは、指導者たる渡辺芳則がどこまで組員たちの実績や貢献を知りうるか、であろう。

渡辺が五代目になって改革に取り組んだテーマに、組織的にはブロック制の導入があった。地域ごとにブロック会議を設けて、縄張りの確認や日常的な揉め事の調整、紛争の解決を自主的にやらせる。そしてその結果をブロック長を通じて定例会に報告させるシステムだ。

実は山口組の喧嘩の大半は、身内（直参の枝同士）で起きている。とりわけ神戸・大阪には多数の直参組織がひしめき合い、同じ山菱の代紋と言えども容赦なく競い合う。実力で縄張りを守り、あるいは隙あらば奪い取る。利害関係のない言葉の上での揉め事も日常茶飯事である。そこでは、組織としての風通しのよさ、揉め事の解決のための評価が不可欠となる。

もうひとつ、渡辺が取り入れたのは組員の末端に至るまでの登録制である。暴対法が施行された現在では見かけなくなったシステムだが、かつては組事務所に組員の札が掲げられ、捜査当局も組の構成員を容易に把握することができた。柔道や空手道場に掲げられている名札表を連想して頂ければわかりやすい。筆者も取材先の組事務所で何度も見かけたものだが、名札表トップから末尾にかけ、席次の上位順にずらりと組員の名前が並んでいた。服役中の組員の名札は名前の部分が赤色となっており、誰が服役中かは一目瞭然であった。

事件が起きれば、その当該の組がみずから事件を究明して、必要とあらば組員を出頭させることで治安維持に協力していた。他の組との抗争が起きても、問い合わせで山口組の組員が関与しているかどうか、すぐにわかるようにしていたのだ。これらは組織の巨大化が必要とした、山口組ならではの管理システムであろう。

同時にその登録システムは、組員たちの序列でもあった。さしずめ大相撲における、番付表とおなじ役割を果たすことになる。そこには厳格な評価が反映され、組員たちのモチベーションにつながる。

この**情報力・評価システムこそが実力主義・機会均等の基盤であり、情実や経歴主義、年功序列主義を排することに役立ってきた**。渡辺が「民主主義の原則は信賞必罰、実力主義である」と言うとき、その原理は組織の巨大化にあったというべきであろう。

恋愛編

相手を正面から受け止め、自立した盤石の信頼関係を築く

五代目式フェミニズム

人はひそかに、彼を「ゴリラ」と呼んだ。いかにも強面《こわもて》で、人を寄せつけない感のある渡辺芳則だが、素顔はまったく別物だと言われている。山健とその姐さんである山本秀子が山健組の後継を託したのは、渡辺の忠誠心ともうひとつ、可愛らしさがあったからだったと言われる。

山健組のおもだった幹部が逮捕、もしくは収監されていた時期（１９６８年頃）、当局から拳銃不法所持の案件で捜査されたことがあった。実際にブツが上がり、捜査令状は山本健一名義であることから、このままでは山健組長の身柄が持っていかれる。一計を案じた秀子は、若い者たちに茹で卵を渡して食べさせてみた。第１章の山健若頭の項目でも触れたが、名シーンなので再現してみよう。

秀子は「あんたら、お父さんの代わりに、このチャカを持って出頭できるか?」と、その度胸を問うたのである。

のっぴきならない組の緊急事態に、それでも落ち着いて卵を食べられるかどうか、彼女は試してみたわけだ。

案の定、期待していた若い者たちは落ち着いて食べられない。あたふたと、床に落としてしまう者もあった。その中で唯一、ニコッと笑って「わかりました。姐さん、それ以上言わんといてください」と言い、12挺の拳銃を手にしたのが渡辺芳則だった(『山口組経営学』溝口敦、竹書房)。出所後、渡辺は秀子の推挙もあって山健組の若頭に就任する。

このとき、渡辺芳則は「逃げない」という原則を学んだのである。相手の言うところを正面から受け止めて、その相手と盤石の関係を築く。それは渡辺の女性との関係でも活かされる。それが彼の性分なのだろう。

渡辺芳則と妻・道子の出会いは、神戸駅前のダンスホールだった。そのダンスホールのあるビルに、渡辺は用心棒として関わっていた。ダンスホールにやって来る道子と一緒に踊るうちに、ふたりは意気投合した。道子はまだ女子高生だった。

数年後、再び会ったふたりは共に暮らすようになる。道子は男の強情にしたがうような、おとなしい女性ではない。一緒に暮らすうちに、渡辺の激しい性格とぶつかり合うようになった。「もう出ていけ」「わかったわよ。荷物まとめるから」「いや、出ていかんでええ」どんな夫婦にもある、犬も喰わない蜜月の夫婦喧嘩——。

しかし渡辺は、そこで一計を案じた。将来にわたって、盤石の関係を築けるかどうかが知りたい。

それには相手の、自分への執着がいかほどのものか、それを確かめてみればわかる。金銭でもなく、暴力でもない関係を取り結ぶには、相手も自立しなければできないことだ——。つまり渡辺は、男に従属する女ではなく、対等の関係で愛し合う、対等の関係で役割分担できる関係を道子に求めたのである。

「三年ぐらいはゼニを一銭もやらなかったからね。俺も変わっておってね、（中略）こいつ三年間俺がゼニ一銭もやらんでも、我慢しとったら、こいつと一緒になろうと」（前掲書）。

そして実際に、3年までは経たなかったものの、道子はいっさい生活費を渡辺に求めなかった。「人間性を見んとあかん」と思っていた渡辺の期待に応えたのだ。そこから先は「たとえばあれ（夫人）が病気になったらからいうて、俺のたとえば財産、俺にナンボかあるわね、全部放ってでも助けてやるいう腹はあるわね」（同）。

信頼関係がなければ、しょせん恋愛や婚姻は成立しない。このあまりにも当たり前の原則を、具体的にどう認識し我がものにするのか。ここで渡辺の採った方法は、ある意味で隠然たる契約関係であろう。もっぱら渡辺の側においてのみ、彼の基準を満たせば契約が発動する。やや計量的であるがゆえに、言葉には出せない「愛の計算」「男女の品定め」である。

生理学的に、男女の性愛関係は3年間で終わるとされている。生物としての恋愛感情が3年で終焉し、いわゆる倦怠期が訪れるのだという。「三年目の浮気」という歌謡曲もあったように、男も女も相手と3年も付き合い、暮らしていると、いい加減飽きてくるというものだろう。ただ、信頼関係がある場合や、あるいは子どもがいる場合には、家族としての絆が男女（夫婦）の恋愛に取って代わる。

もうひとつの視点で言えば、金銭を抜きにした関係だ。無償の愛を相手に求めたとも言える渡辺の、社会的属性を解き放った純然たる男と女の理想であろうか。その渡辺はさらに、道子に対して自立した女を求める。ヤクザが女性に対して自立を求めるとは、フェミニズムの対極にあるがごとき男尊女卑社会にあっては、やや珍妙な気がする。しかし、事実として渡辺は道子を自立させた。

役割を明確化することで、凹凸のある男女となる

ヤクザは男尊女卑の社会だと言われるが、かつての山口組は必ずしもそうではなかった。太田守正（神戸山口組舎弟頭補佐・太田興業組長）による分析を紹介しておこう。

「ヤクザは妻のことを『バシタ（場下）』つまり『立場が下の者』と呼び、おおむね男女の関係は男尊女卑で、その生業が男社会だからだ」「ところが、山口組は田岡三代目が亡くなったとき、跡目相続をどうするかと組全体が揺れ動いた中で、女性が決定的な役割を果たしたのだ」「他の有力組織では『山口組は、まだ女が口出しをするのか』『わしらとは、体質が10年違う（遅れている）』などの会話があったという」「しかし山口組は、優れた女性に恵まれていたというべきか、田岡家においても山本（健一）家においても、姐さんの力が頼りがいのあるものだった。女が強かったのである」（『血別』サイゾー）。

『バシタ（場下）』について補足すると、これには『バシタ（馬下）』という別バージョンもある。戦国時代の武将・木村長門守重成とその妻の故事にちなむもので、出陣する馬上の夫に、香をたき込んだ兜を妻が馬下から差し出して武運長久を祈る、という話からきたものとされる。

それはともかくとして、この姐さんたちのありようは、田岡家においては山一抗争に至る分裂劇の原因のひとつとなったと言えなくもない。山健組においては秀子姐が渡辺芳則の若頭就任の原動力になったとはいえ、その渡辺にとっても強すぎる姐さんだった。これは渡辺ではなく山健組の幹部の、山本健一夫婦を評しての証言である。

「嫁はんのいうことに何も逆らえなへんが。ヤクザの筋のことやったらさすがに『こらーっ』となんぼでもいいよったけど、家庭のことなら絶対に『うん、そやな、うんうん』て、ネコみたいなもんですわ。ネコと飼い主の関係やね、ほんまに、こんなに嫁さんに弱い親分見たことない」（『山口組経営学』）。

田岡一雄なき田岡家が文子姐との関係で、最高幹部たちを右往左往させた事実。そしてそれが最終的には、一和会の発生という最悪の分裂劇を招いた。山本家の場合は、姐さんの秀子（山健夫人）が組員の奥さん連中をあつめて、組員はもとより山健をも牽制していた。組員たちはそれを「山秀組」と呼んだものだ。

これらを教訓としたのか、渡辺は道子に組員のことを「さん」付けで呼ばせた。組のことにはいっさい介入させない、口出しもさせない。部屋住みの若い者たちには姐さんとして、生活上のことを厳しく言いがちなものだが、彼女にキツい物言いはさせなかった。彼女の役割を、自分の妻としての存在だけに限定させたのである。

その代わりに、渡辺は道子にべつの役割を与えた。家に居て子分たちの面倒をみたり、食事を作ったりという前近代的な姐さんの役割から解放し、外での仕事を与えたのである。高級ブティック「トワイライト」のマダム、それが道子の仕事であり顔となった。渡辺自身もその店に入りびたり、ファッションの目を肥やすことが多かったという。

自分の女房に、クラブや飲み屋などの店を出させる親分は少なくない。暴対法以前は、組事務所は若い衆の住まいでもあったが、90年代以降は単なる電話置き場になっている。本家の台所も、部屋住みの者が板前なみの腕で料理を作るようになっている。したがって、親分夫婦はプライベートな生活を持つことになる。そんな現代ヤクザらしい夫婦関係が、渡辺芳則には垣間見える。

ヤクザ社会における生活風景の変化、あるいは暴対法によって変容せざるを得なくなったヤクザの生活とも言えるのかもしれない。しかしそこには自立した男女の関係、役割分担による凹凸のある夫婦関係が確認できる。これは興味深いことだ。

渡辺夫婦に子はなく、妻・道子の妹の子を養女にした。大親分の家族といえば子だくさんで、正妻のほかにも愛人の子があったりと賑やかさを感じさせるが、渡辺はいわばディンクス（子を持たず、仕事に生きがいを見出す夫婦）の雰囲気である。

渡辺芳則と石井隆匡・稲川会二代目会長

2004年の夏に協議離婚して、国税当局からの査察に備えている。暴対法の成立いらい、家族（子弟）への警察の嫌がらせや進学問題などで、協議離婚するヤクザの親分は少なくなかった。次は国税による介入があるだろうと、先を見越しての処置である（2015年に運営費の私的流用で、工藤會・野村総裁が摘発された）。

渡辺芳則は平成17年7月に引退し、彼の引退と同時に道子夫人のブティックも閉店した。その晩年は引退を強要された（『鎮魂』盛力健児）とも、あるいは禅譲だった（『血別』太田守正）とも言われているが、戦後の山口組史上では初めての組長引退だった。その意味では、巨大組織の中で役割を演じ切った親分だったのかもしれない。彼の引退から十年後、山口組は真っ二つに分裂した。

第4章

ターゲットの離反への対応術

五代目山口組若頭補佐
中野太郎

ビジネス編

中野太郎に見る部下の人心掌握術

理（利）、情、恐怖を駆使して仕事を任せる

圧倒的な戦闘力で全国に勢力を広げた山口組にあって、中でも突出した武力を誇っていたのが中野太郎率いる中野会だった。ヤクザ世界からも「山口組に中野会あり」と高い評価を下されていた。

中野は１９３６年（昭和11年）10月30日生まれ。数々の大物ヤクザを輩出している大分県の日田市出身で、昭和三十年代半ばに大阪に出て、その後初代山健組に加入したとされる。若い頃から抗争、掛け合いでは一歩も引かない姿勢を見せていたことから「喧嘩太郎」の異名をとっていた。とくに五代目山口組組長の渡辺芳則と関係が深く、渡辺が山健組内に健竜会を立ち上げるとその相談役に就いている。

当初、中野会は山健組の枝の三次団体だったが、山健組出身の渡辺が山口組五代目組長の座に就く

中野太郎・中野会会長

と本家直参となり、中野会は山口組二次団体となる。そして翌年、中野は若頭補佐に就任した。

中野は懲役に行くことが多かったのが災いしたのか、当時の組織規模はさほど大きくはなかった。しかし、渡辺組長の出身母体である山健組が五代目の威光をバックに勢力を拡大しはじめると、中野会も山健出身かつ渡辺の叔父貴筋にあたるということで勢力を一気に拡大していく。

若頭補佐に就任した当初は五代目山口組若頭・宅見勝とも親しく、若頭補佐として若頭をしっかりとサポートしていた。宅見も中野の実行力をあてにして、事あるごとに仕事を振っていたという。だが、あるときを境として反目に回るようになる。

当時は山健組や中野会の勢力伸長が凄まじく、「山健にあらずんば菱（山口組のこと）にあらず」と言われるほど巨大勢力になっていた。これに危機感を持った宅見との間に溝ができたというのだ。それ以外の理由もあるのだろうが、一度反目に回ると、その人間の見え方が違ってくる。宅見から見ると、組長の威光をカサに着て好き放題やっているのが中野で、中野から見ると、宅見は組長の意向を無視した独断専行で組を壟断しているように見えた。

中野はご法度とも言える破門者の受け入れも積極的に行っていて、その勢いは止まるところを知らず、最盛期にあっては中野会の組員は1700人にものぼったという。

そして1997年（平成9年）8月28日、中野会の手によって宅見が射殺される。なぜ組内の若頭を射殺する必要があったのかについては諸説あるが、中野会が直属の上司を葬り去ったという事実は重く、事の是非は別として、そういう大胆不敵な行動に走った中野会と、その中野会を率いた中野太郎という人物への興味は尽きない。後日、山口組内で「あんな大それたことをやれるのは、中野くらいなもんだ」との声が上がったというが、そこには揶揄と中傷と羨望と驚愕が込められていたような気がする。

このような強烈な組織を作り上げた中野太郎という人物はいかなる男だったのか。彼のエピソードからその問いを解き明かし、さらにそのエッセンスをビジネス、恋愛に活かせるポイントは何かを探ってみよう。

山口組随一の武闘派、喧嘩太郎の異名。このような評価からみると、中野はまるで鬼か悪魔のような人間に思えてくる。だが彼は、自分の舎弟にも「さん」付けでしゃべる礼儀正しさを持っていた。話しぶりは一見温厚だが、筋に合わないことがあると味方にも恐れられる男に豹変した。活動の拠点となった関西ヤクザ界では、「江戸時代の侠客のようなヤクザらしいヤクザ」として人気があった。組員もシノギのしやすさというよりも、中野個人に惚れて入ってくる人が多かった。そして中野も持ち前の情の深さで、組員たちの人心を掌握していく。

中野は、部下を褒めることがとてもうまかった。管理職のビジネスパーソンにとって、部下からの信頼を得ることは重要な課題である。ここでは中野会長の人心掌握術にスポットを当てたい。

アメリカのホーソン工場で発見された心理的現象として「ホーソン効果」というものがある。これは、工場で生産性を上げるためにはどうすればいいか、を研究する実験だった。照明を明るくしたり、賃金や休憩、作業所の温度や湿度など、手を替え品を替えて生産性のアップにつながる原因を探ろうとしたのである。結果として、そのような**物理的な変化を与えるよりも、上司や周囲が、働いている人間たちに関心を持つことが一番生産性を高める**ことがわかった。

また医薬品の治験において、患者が医者の期待に応えようとして、効果が出ていないにもかかわらず効果があるように感じてしまう、または効果があったように報告してしまうことがある。これは「プラセボ効果」と呼ばれていて、人は出来る限り人の期待に応えたいと考えてしまう生き物であることを示している。

中野の期待に応えたい。そう考えた組員たちは、必死でシノギに精を出すようになり中野会の勢力は拡大していく。このような心理的テクニックなど意識することなく、自然に体得していたのが中野の凄みと言えるだろう。

もちろん部下に対して甘いだけでは組織はまとまらない。後に宅見暗殺の実行犯となる中野会の枝の組員だった中保喜代春は、供述調書の中で他の組と比しても中野会の統制力は厳しく、暗殺に反対することなんてできなかった、と述べている。もし反対すれば制裁（＝死）が待っていると感じさせるほどで、命令への拒否など最初から選択肢になかったのだ。

部下の統制術については、バブル後に破綻した住宅専門金融会社の債権回収で辣腕を振るい、〝平成の鬼平〟と称された弁護士の中坊公平氏が「正面の理、側面の情、背面の恐怖」とその極意を語っている。部下に対して、まずは理を持って説明する。それでだめならば、その部下の言うことに理解を示し情を示して部下を動かす。このふたつでも部下を動かすのが難しかった場合は、冷酷でも強権を発動して無理やりやらせるかクビにする、という意味である。

この中坊の言葉は、ヤクザの世界だけではなく、ビジネスの世界でも通じるだろう。理と情と恐怖

――中野はすべてを持ちあわせていた。もしあなたが部下を率いることになったら、中野や中坊のように振る舞う必要もでてくるはずなので、ぜひとも参考にしてほしい。

部下掌握の秘訣は「3回褒めて1回叱る」

中野会長一人で中野会を運営していたわけではない。いくらボスが強くても、若い衆が弱かったらお話にならない。武闘派と呼ばれる中野会を構成するメンバーには好戦的な武闘派がそろっていた。勇将の下に弱卒なしという故事があるが、中野会はまさにそうだった。その組員の育て方は体育会系と呼ぶにふさわしいもので、宅見暗殺後、他の山口組直系組織に散らばっていった中野会出身者への評価は「教育が行き届いている」という点で一致する。

中野は組員に対して、めったなことでは怒らなかった。組員を管理するのは中野以外の者が行い、厳しい言葉も中野以外の者が浴びせかけていたそうだ。基本的に中野は穏やかな位置にいて、優しい言葉を組員にかけることに徹していた。そして抗争で懲役に行った組員に対しては、たとえそれが枝の枝であったとしても暇を見つけては刑務所に行って面会をしていた（現在は厳しい面会制限がある）。「家族や金の心配はするな、しっかりと務めてこい」と声をかけていた。

ヤクザの世界では、刑務所に入ることも仕事のひとつである。懲役は本当に辛いものだ。そんな状態のときに、普段なら口をきくことも憚られる存在の中野親分が、面会のためにスケジュールをあけて会いに来てくれる。わざわざ末端の人間にまでボスがこうしてくれた、と思わせることができたら完璧だ。間違いなく末端の人間は中野のファンになるだろう。こうして人心掌握は完了する。

ビジネスの世界でもこれは当てはまる。トップがみずからきつい言葉をかけまくるような会社は、遅かれ早かれ淘汰されていく。行儀やシノギのミスを正すのは直属の上司に任せて、トップは優しい言葉をかけることを心掛けるべきだ。

アメリカの調査で、**人間は2・9回（ほぼ3回）褒められることで、1回の叱責に耐えることができるというものがある。**3回褒めて1回叱れというわけだ。ヤクザの世界ではこうはいかないだろうが、1回で2・9回分以上の賞賛に値するものとして、組長が直接褒めるのだ。こうすることによって、組員は感激して親分のためなら命を捨てる覚悟をして、厳しいヤクザの下積みにも耐えることができるようになる。

これを中野は意図してやっていたはずだ。人を率いるものとして持っておきたい資質だ。ファンになってくれた人がさまざまな場面で助けてくれるのは、ビジネス社会でもヤクザの世界でも一緒なのである。

「アメーバ運営」と当事者意識

ヤクザの組織は上意下達が徹底されている。シノギの仕方を中野が一から教えるわけではない。中野は宅見を筆頭とする経済ヤクザたちと比べるとシノギはうまくなかった。基本的に出世や金になびかない古い形のヤクザだったのだ。宅見がブレーンを使ってシノギを回しているのに対して、中野は周囲の子分たちが「親分を金持ちにしたい。金銭面で恥をかかせたくない」と自立的に動く。荒っぽい言い方をすれば、中野会とはそのような組織だった。

だから仕事の任せ方も、大きな方針を決め、仕事の最後の決済をするという感じで、多くは側近に任せていたという。部下に全幅の信頼を置くのは非常に難しい。期待すれば裏切られ、命令すればいやいや従い、成果を上げれば自分の手柄だと思い込む部下も多いからだ。

宅見暗殺のときのことである。暗殺後、射殺犯たちの供述調書からは中野が直接命令した、という話はまったく出てこない。若い者が先走ってやったという説や、側近が親分の意思を忖度して宅見を暗殺した、という説がある。しかし、ヤクザは親分の意向がわからないことを先走って実行に移したりはしない。ハッキリと明示した言い方はなかったかもしれないが、何がしかの中野の意向を汲んだ宅見暗殺であったことは間違いないだろう。大きな組織とはいえ、宅見という身内の殺害を意図した以上、中野の暗黙の関与は当然あったと考えるべきなのだ。

それでも部下が先走って事件を起こしたという説が出ているのは、中野会においては側近を中心に中野の意を汲んで、中野の指示がなくても動く組織だったところにある。もっとも、事件後、山口組本部に呼び出された中野は、組長の渡辺との話し合いの中で宅見暗殺の件を知らなかったと述べている。

結果としてこの事件は中野会の命運を決してしまったが、組織の在り方として、指示しなくても動く組織というのはひとつの理想である。分権制が確立していたと言ってもいいだろう。

ここでビジネスパーソンの間で有名な「アメーバ経営」について触れておこう。京セラの創業者として高名な稲盛和夫が提唱したもので、社員をアメーバと呼ばれる小集団に組織して、その組織ごとの損益計算を行うことで小集団のチーム別の採算を出すというものだ。小集団に所属するものが、各自損益計算に関わることで組織の運営に当事者意識が生まれてくる。

稲盛はこのアメーバ経営で、京セラを世界的企業へと育てただけではなく、経営破綻したＪＡＬの再建にも成功する。**各集団に対する意識付けをしっかりと行い、当事者意識を持たせることで、各アメーバが自在に動き利益を生む集団に生まれ変わる**のだ。

また経営学者のピーター・ドラッガーは、このような分権制の必要性を説き、変化に対応するための重要な手段のひとつと位置付けている。また分権制の一番の利点は人材が育つという点にあるとも述べている。このように、分権化された中で育てられた中野会の人材の豊富さがわかっていただけただろうか。

フット・イン・ザ・ドア――中野会の交渉術

ヤクザの世界には「掛け合い」という言葉がある。新宿歌舞伎町の喫茶店などでたまに見ることができるが、談判・交渉事を意味する。普通のビジネス社会では交渉が命のやり取りに発展することはないが、ヤクザの世界では抗争の前段階とも言えるもので、決裂した場合はその場で刃傷沙汰になることもある。

中野会がこの掛け合いに強かったのは、戦闘力を背景として、相手に心理的なプレッシャーを与えることに長けていたからだ。まずは簡単なことを了承させることで相手の承諾を得る。そして徐々に要求を大きくしていく。最初のうちにきっぱりと断っておけばどうにかなったかもしれないが、一度要求を受け入れた手前、断りづらくなってしまう。ヤクザの常套手段と言ってもいいだろう。これを心理学では有名な効果として「フット・イン・ザ・ドア・テクニック」と言う。今では心理学だけでなく営業や販売のハウツー本でも紹介されているほど有名な効果だ。

フット・イン・ザ・ドアというだけあって、訪問販売の際に、相手のドアに足を挟むことができたら交渉は成功したも同じ、というもの。**小さな要求をして、それを受け入れやすくする。そして徐々に要求を大きくしていき、所期の目的を達成させる**というものだ。

中野会はカタギだけでなく、他組織のヤクザ、ときには山口組内でもトラブルを起こしていく。ヤクザにトラブルは付きもので、トラブルを起こすことで初めてシノギになると言っても過言ではない。ヤクザにトラブルの解決を依頼すると、その依頼を逆手に取られて金をむしり取られることがある。債権回収を依頼したら、「相手が親分筋にあたる人で、こっちはひどい目にあった」などと逆に因縁を付けて、依頼した側から迷惑料を取るなどだ。もちろん債権は回収しない。

あるいは土地取引で占有屋の追い出しを依頼したところ、依頼先と占有屋がグルになって解決金を跳ね上げる、なんてことはザラだ。とりあえず最初に依頼を受けた相手の懐に飛び込み、いつの間にか骨の髄までしゃぶり尽くすというわけだ。

筆者も過去、ある取材記者の紹介で一回だけ会ったことがある山口組系のヤクザから「おまえのとこの記事でうちの若いのが指詰めてしもうたやないか、どうしてくれるんや！」と唸りまくられ、面倒くさくなって結局幾ばくかの金を巻き上げられた苦い記憶がある。要注意である。

才能があればよし――中野会長の人材登用術

「唯《ただ》才《さい》是《これ》挙《あげ(よ)》」――これは三国志で有名な曹操が残した有名な言葉だ。210年に曹操が発令した「求賢令」の冒頭の4文字で、意味は「求める資質は才能のみ。持つ人材を推薦せよ」というもの。当時の中国は孝の道を説く儒教真っ盛りで、家柄や年齢が非常に重要視されていた。そんな中で名家出身の曹操がこのような命令を発したのだ。

この命令の凄いところは、才能を見逃した役人に対して厳罰に処すと明文化されていたところにある。才能を見逃すことは罪だと明言したのだ。実際に曹操は、出自や経歴にこだわらず、才能ある人物を積極的にブレーンに加えていた。彼は一芸を持つ人物を2000人ほど覚えていたそうで、中には文章や武芸の達人だけでなく、盗みの名人なども含まれていたという。ただ、才能がないと感じたら、自分の子どもですら名前を覚えていなかったとも伝えられている。

中野会長はどうか。中野会長の山健組時代、喧嘩太郎の異名に比して組織化が遅れていた中野会は、勢力拡大のために人材を広く求めるようになる。そこで行ったのが、抗争相手だった元一和会出身者たちの登用や破門者たちの積極的な受け入れだった。たとえケンカ相手ではあっても、才能があれば取り立てていったのだ。

例を挙げよう。中野会副会長の弘田憲二は高知出身で、山一抗争では一和会側に付いた中井組の若頭だった。中井組は四国で高知の豪友会と血みどろの抗争を繰り広げたことで知られている。その陣頭指揮を執ったのが弘田である。当時から「中井組に弘田あり」と侠名が高かった。

山一抗争終結後、多くの元一和会系組員が山口組に復帰していったが、弘田はそれを潔しとしなかったのか、孤塁を守っていた。ここで中野は副会長という最高のポストを用意して弘田を迎え入れる。弘田は高知県のさまざまな利権や公共事業に食い込んでいて、年間数百億の金を動かしていたとされる。中野はそのシノギの能力にも目を付けたのかもしれないが、それ以上に弘田のヤクザとしての器量と存在を好もしく思っていたのだ。弘田としても、中野という親分の大きさに魅了されるものを感じていた。

さらに、サージと呼ばれた大物ヤクザも中野会で復帰するのではないか、との噂があった。サージは生島久次と言い、三代目山口組菅谷組の若頭補佐だった。銃刀法違反で指名手配された際、時効が成立するまで東京の整形外科で整形手術を7回も施して逃げ切った男だ。この間にヤクザを辞めて、カタギとして不動産、金融などで一財産を築いた。現役は引退していたものの、半分ヤクザのようなものだから、その商売相手にもヤクザがたくさんいた。

ヤクザ相手に金を貸すと、返す返さないの話になって揉めることが多いが、その際に間を取り持つことが多かったのが中野会だった。中野会の後ろ盾を活かして活動を活発化させた生島は、トラブルになっていた山健組系組員の手によって射殺されてしまう。もしも生島が生きていて、中野会の戦闘力に生島の資金力が合わさっていたら、今の山口組の勢力図は塗り替わっていたかもしれない。

ほかにも、中野会若頭の山下重夫が率いた山重組には韓国人の組員が多くいたと言われている。韓国には徴兵制があるため、全員が軍隊を経験している。彼らがグループとなって韓国と日本を行き来してシノギをする。そしてときには軍隊経験を活かして、暴力を駆使する。国籍にもこだわりを持たず、広く人材を集めていたのだ。

五代目山口組総本部長だった岸本才三は、宅見暗殺時に同席していた関係で供述調書を取られ、その中で以下のように語っている。

《中野はヤクザとして、また山口組の幹部としてやってはならないことをやるのです。その代表例は、他の組からの破門者を中野会に入れ、これを中野会勢力拡大に使っていたのです。破門はその所属した組から破門されるのですが、他の組はその破門されたものを拾ってはならない。これはヤクザ社会の常識といいますか習慣であります》（『山口組若頭を殺った男』イースト・プレス刊）。

事の善し悪しはともかく、才能があれば前科前歴関係なく登用する。これが中野の人材登用術だ。草履取りの木下藤吉郎（豊臣秀吉）を最高幹部である軍団大将にまで登用した、織田信長を連想させるではないか。

殺ると言ったら殺る中野会長の有言実行力

山健組で中野と同じ釜の飯を食べた盛力会会長・盛力健児は、著書の『鎮魂』（宝島社刊）でこのように語っている。

《二言目には『あのガキ、殺したる』やから。それもほんまに殺るから。有言実行型やから（笑）。だから山口組のなかでは五代目以外、誰一人として中野にビビってモノ言えんかったし、中野も聞く耳なんて持ってへん》と。ヤクザ、それも武闘派の山口組内でも恐れられていたのが中野だった。

ヤクザの世界では「あのガキ殺してやる」なんて挨拶みたいなもので、言った次の日にはその当人と仲良く酒を飲んでいるなんてこともよくある話。ただ中野は違った。だから言葉に重みと凄みが出てくる。

中野会の名前が世間に知れ渡ったのは、おそらく京都で起きた中野会長銃撃事件がきっかけだろう。

1996年（平成8年）、京都府の理髪店で散髪中の中野が、京都を本拠地に置く四代目会津小鉄系の組員に銃撃された事件だ。この銃撃の際に、中野のボディーガードを務めていた高山博武が拳銃で応戦して、ヒットマン2人を射殺する。返り討ちにしたのだ。これは中野会の戦闘力を見せつける事件でもあった。

当日の夜には四代目会津小鉄の若頭・図越利次が山口組総本部に謝罪に訪れ、指を落とすことで決着する。和解金が支払われたとの話もあるが、少なくとも表にはその話は出てきていない。この和解交渉に、中野は警察の取り調べ中だったこともあり参加できず、自分抜きで和解を成立させた宅見に強烈な不満を抱くようになる。そしてこれまで燻っていた中野VS宅見の数々の火種が燃え上がり、宅見暗殺につながったと言われている。

そもそもなぜ四代目会津小鉄が中野会長を狙ったのか。これは京都の利権に絡むものだったと言われている。勢力拡大を目論む中野会にあって、他組織が根を張る京都は手を出しやすい場所だった。京都進出を目論むのは中野会だけではなく他組織も同様で、1995年（平成7年）には山口組と四代目会津小鉄はわずか26時間の間に14件の発砲事件を起こした。中野の自宅に銃弾が打ち込まれるなど激しい抗争を繰り広げていたのだ。

もうひとつ、中野会の抗争で有名なものとして砂子川組とのものがある。山一抗争中の大阪で、レストランで食事をしていた中野会副会長の池田一男が何者かに射殺された。これを砂子川組の犯行と考えた中野会が報復に出ると、砂子川組に対してわずか2日間で5人の死傷者を出す被害を与えている。一瞬で相手組織に多大な損害を与えた中野会は、まざまざとその戦闘力をみせつけた。結局は中野会の勘違いで砂子川組が無関係であることがわかり、当時の中野会の上部組織だった山健組の渡辺芳則組長が、会津小鉄会の仲介を受けて砂子川組に謝罪している。殺るといったら殺る。ヤクザの世界でこれほど効果的な言葉はない。宅見暗殺の際に、その手際の良さと大胆さから中野会の仕業だと瞬時に感じた人もいたようだ。

有言実行はビジネスの世界でも重要視される。ある経営者は講演で「有言実行」「不言実行」「有言不実行」「不言不実行」のどれが一番いいかというアンケートをとったところ、一番はやり「有言実行」で次が「不言実行」だったそうだ。

日本人に好かれるのは「男は黙って」という不言実行型だろう。ただ、不言ということは、その言葉に責任を持つ必要はなくなるということだ。つまり、実行してもしなくても、なんのおとがめも被らない。自分にプレッシャーをかけずに済む。気分としては楽だから、評価は有言実行の次に来ざるをえない、というわけである

ヤクザの世界はハッタリが付きもので、有言不実行ですらまかり通る。不実行でも、それなりの効

果があるのだ。中野はそのようなヤクザの世界で「そこまでしなくても」という声にもひるまず有言実行を重ねていくことで、周囲の評価を勝ち取っていったのだった。

絶縁されるも生き残る一本独鈷の組織力

1997年（平成9年）の宅見暗殺後、中野会は山口組から絶縁処分を受ける。そして親分のタマを取られた宅見組を中心とした山口組の壮絶な切り崩しと報復が始まる。大阪や東京で、1週間で10件を超す発砲事件が起こった。中野会の多くの組織が山口組の切り崩しにより脱退していくが、山健組の頃から中野会に所属していた組は抜けずにその結束力を見せつけた。

そして韓国に逃亡していた主犯の若頭補佐・吉野和利には、山口組のある組から、命の保証を条件に投降がすすめられたという噂がある。しかし、吉野は最終的にこれを拒否して中野会の一員としてやっていくことを決めたようだ。ところが吉野は不審死を遂げる。その後、宅見組系列の直系組織・天野組（解散）による報復で副会長の弘田は沖縄で射殺され、若頭の山下重夫も宅見組幹部らに射殺される。切り崩しはさらに激しさを増し、半年後には1700人を数えた組員たちは雲散霧消して100人ばかりになっていたという。

ただ、ここからが中野会の根性の見せどころだった。中野が報復を禁じていたこともあって常に防戦一方だったが、中野会は2005年（平成17年）まで存続し続ける。山口組の六代目に司忍が就任した際に、四代目組長・竹中正久の実弟である竹中武の説得によってついに解散するが、五代目の引退に合わせるように身を引いた中野に対しては「最後のヤクザ」という声も上がった。最終的には組織の暴走（宅見暗殺）により瓦解してしまったものの、山口組随一の武闘派として鳴らした中野会と中野には、今でも現役ヤクザのファンが多い。

恋愛編

誠実さだけではダメだが誠実さは最大の武器になる

見た目が9割。ヤクザのファーストインプレッション

さて恋愛編に入ろう。中野の写真を見たことがある人も多いと思う。雑誌・書籍や漫画の表紙でよく使われているが、長身でスレンダー、精悍なマスクと、女にモテる男の要素を兼ね備えているように見える。人は見た目が9割とよく言われるが、ヤクザも当然そうである。

心理学の基礎的な効果のひとつとして「ハロー効果」と呼ばれるものがある。**別名「後光効果」ともいい、対象の持つ顕著な特徴に印象が引きずられてしまうことを指す。**

ハロー効果は、エドワード・ソーンダイクという心理学者が提唱したものだ。彼が行った調査はこうだ。軍隊で上官と部下に対する調査を行い、身だしなみがきっちりとしている部下のほうが能力も

高いと上官は判断していた、というもの。本来ならば、身だしなみと軍人としての能力はそれぞれ独立したもののはずだが、身だしなみがきっちりとしていることで優秀という〝印象〟も獲得することができているというのだ。

たとえば「東大を首席で卒業した」「大企業の社長をやっています」「大学教授です」なんて人がいたら、なんとなく素晴らしい人のように感じてしまう。これもまたそれぞれ別の話で、大企業の社長をやっていても粉飾決算を主導したり、大学教授でも教え子に手を出す者はいる。社会的地位や肩書きと人間性にはなんの相関関係もない。ろくでもない人はどんなところにもいる、ということだ。ところが、得てして人間というものは、このように冷静に考えることができないようだ。だから、MBAを取得した、海外の大学を卒業した、なんていう経歴詐称がまかり通るわけである。

ハロー効果は経歴だけではなく、当然見た目にも通じる。みすぼらしい格好をしているヤクザがバリバリやっているはずはないと思ってしまい、バリっとした格好をしていれば、それなりの地位にあるヤクザというイメージが沸き起こるだろう。だからヤクザは身だしなみに金を使う。筆者が接触したある山口組系の親分は、「靴先から頭まで、トータルで千万円以下のものを身に着けていたら格好つかんわ」と漏らしていた。確かにその親分はバリッとした身だしなみでサマになっていた。

百貨店に入っているファッションやアクセサリーの高級ブランドの上得意客には当然ヤクザも多

い。ただ恋愛に関して言えば、少し気をつけたいのが相手の欲している装いを身に着けるということ。あなたが突然、中野のような格好で現れても、相手はそれを望んでいないかもしれないのだから。

余談だが、アメリカの心理学者の調査によると、第一印象を決定づけるのは、

・視覚による情報　55％
・聴覚による情報　38％
・言葉　7％

となっている。見た目に気をつけて、はっきりとしゃべるだけでも、相手の印象は確実によくなるのだ。

さらにもうひとつ、アメリカで行われたハロー効果に関する実験を紹介しよう。１９２人の女子大生の写真を40人の教授に見せて、魅力的な女子大生を選んでもらい、成績との相関性があるかどうかを確かめるというもの。結果は魅力的な女子大生のほうが成績がよかったそうだ。本来ならば見た目と勉強の成績は別物のはずなのだが、知らず知らずのうちに成績を評価する教授たちが、女子大生の見た目に影響されていい評価をしてしまっていた、ということだ。見た目は9割。これは実験でも証明されているのだ。

第一印象を利用して第二、第三印象を演出する

ハロー効果による第一印象が重要なことが、わかっていただけたと思う。心理学のハウツー本ではここで話が終わるが、ことヤクザの話に関してはここで終わらせてはもったいない。

ヤクザはいい意味で相手の思い込みを打ち砕く。ヤクザが最初に底を見せたら負けなのである。中野の外見が相手に与える印象だが、ワルに耐性のない人間だったら第一印象は「怖そう」というものではないか。当然なのだが、第一印象が〝かわいい〟とか〝優しそう〟というヤクザは聞いたことがない。ヤクザは第二印象、第三印象も大事にする。これは相手を落とすために必ず乗り越えなければならないハードルだからだ。

第二印象は見ようによっては、第一印象より重要かもしれない。もし第一印象でしくじったなら、第二印象で挽回することも可能だからだ。

ここではギャップを演出することをおすすめする。ヤクザだったらよりゴージャスに行くか、一方で庶民的で意外に優しい姿を見せて距離を縮めるか。あなたがどのような第一印象を与えているかにもよるが、いい意味でこれを裏切ることができたら、あなたの存在は相手の女性にとり、きっと大き

なものになるだろう。
たとえば優しい印象を与えていると考えられる場合は、ギャップを意識してしっかりとリードできるところを見せたい。ちょっと強引に相手を引っ張っていくといいだろう。第一印象が怖い印象で終わってしまった場合は、逆転を狙って優しさをしっかりとアピールしたい。「遊んでいそう」と思われた場合は、逆にしっかりと相手のことを考えて行動してみよう。「外見はいいんだけど、遊ぶとつまらなかった」「話は面白いんだけど、自分の話しかしないから、どうしていいかわからなかった」なんてことのないように、第二印象でいい方に裏切っていただきたい。

また**第一印象で相手の好感を得ることができたと感じたら、第二印象を与える前に少し時間を置くことをおすすめする**。アメリカ、ノースウエスタン大学で行われた調査では週に2回セミナーを行い、そのセミナーに対する印象を聞いたところ、7週間たった後でも変わらなかったという。さらには、いい第一印象を与えていた場合、相手の中でその印象がより強くなるという調査もある。第一印象、第二印象では、相手の感情にゆさぶりをかけていきたい。

そして第三印象だ。第一、第二印象は短期的な印象で簡単にひっくり返るものだが、第三印象ともなると、それは今後継続していくものになっていく。この第三印象を確固たるものにするために、その前段として第一印象と第二印象があるといっても過言ではない。第三印象は本人から受けたものだけではなく、周囲からの評価も入ってくる。だから表面を取り繕っても、いかに印象をよくしようとも、最終的にはバレてしまう。今までの総合的な評価がここで決まってしまうのである。中野のように若い衆からカリスマ的な人気を獲得しているのならば、しっかりとした第三印象を獲得することができるだろう。

表情と仕草から相手の心を見通すテクニック

ヤクザと親しい女は口々に、ヤクザと遊ぶのは楽しいという。なぜヤクザと遊ぶのが楽しいのだろうか。これはヤクザがカタギ以上に女を落とすために努力をしているからだ。金もかける。そして日頃から神経をすり減らす世界にいるだけあって、心理戦に非常に長けているからでもある。常にちょっとした表情や仕草から相手の気持ちを読み取って、戦略を立てているのだ。では、少しの表情や仕草から相手の心を読み解くテクニックを見ていこう。

気が利く人間は、相手が喜んでくれることを察して、その行動を取る。相手が喜んでくれない行動は、はっきり言って余計なお世話なのだ。自分の発言に対して相手がどんな反応をするか、そのわずかな変化を読み取れるようになりたいものである。

人間の表情の中には、瞬間的に現れて消えるものがある。これはわずか0・25秒以下で現れるもので、この僅かな変化のことを微表情と呼ぶ。喜びを表すときは目尻が下がったり、口元が緩んだりする。驚いたときは口が開き目と瞳が開く。嫌悪を表す微表情は眉間にしわを寄せ、上の唇が若干上がる。恐怖は眉間が上がり、口が平たくなり横に引きつる、というものだ。この小さな変化を見逃さずに、次の戦略を立てるようにしたい。ちなみに微表情の変化を察するのが苦手な男が多いので、これをマスターするだけでもライバルに差を付けることができるはずだ。一方で、女は男の微妙な変化を見抜くことが得意なので気をつけてもらいたい。

そして仕草だ。人間は細かい仕草に感情が現れる。これは反射的なもので、隠そうと思ってもどこかに不自然なところがでてしまうのだ。仕草は大まかにポジティブなものとネガティブなものに分けることができる。自分との距離を相手が詰めてくる、身を乗り出してくる、長時間視線を合わせてくる、照れ笑いを見せるといったのがポジティブなものだ。

逆にネガティブなものは、あなたから離れたり、身体をそらしたり、腕や足を組んだりするものだ。目や鼻、首などを掻いたりするのもネガティブなものに当たる。このような仕草を見せていたら要注意だ。話題を変えたり、場所を変えるなどして気分を一新しよう。また、できるだけいい印象を与えるために、自分はポジティブな仕草をしておきたい。

そして仕草を真似することも効果がある。これは「ミラーリング」とか「同調ダンス」などと呼ばれる有名な心理的効果のこと。好意を寄せた人間の動作や口癖を自然に真似することで、相手の好意を獲得したい期待感を示すというものだ。これも頻繁にやってしまっては相手に疑われてしまうので、時間をずらすなどして、ごく自然を装って相手の真似をしてみよう。

ヤクザは女をジュリエットにする

「ロミオとジュリエット効果」というものがある。シェークスピアの有名な戯曲に基づく心理学用語だ。**恋愛において、成功に向けての障害がある場合のほうがふたりの気持ちが高まって恋愛感情が強くなるというものだ**。不倫に嵌ったり、ＤＶ（ドメスティック・バイオレンス＝男から女への暴力）男と別れることができなかったりするというのは、この効果が影響しているとも言われる。

ヤクザはこの効果を最大限利用できる存在だろう。障害を作り出すことによって女の不安を煽り、恋愛感情へとつなげることができるのだ。けれど、ヤクザと遊んだり付き合ったりすることに対して、通常は「私はいやだ」と尻込みする女が圧倒的に多いものと思われる。同時に、周囲の者も反対するだろう。ところが、対象のヤクザにひとたび心を許せば、この周囲のアドバイスが障害になって、逆に本人の恋愛感情を高める結果になってしまう。

中学生や高校生の頃、なぜかワルが、ほとんど交流のないマジメな女にモテていることがあった。それはマジメとワルという接点のなさを感じさせることによって、障害を演出することに成功していたからではないか。

筆者の知り合いのヤクザは若い頃、自分の暴力的な一面を付き合いのあるホステスの前で見せ付けたりもしたという。まさか遊んでいるクラブで他の女（ホステス）に暴力を振るうわけではない。どうしたのかというと、ヘマをやらかした若い衆を呼び付けて怒鳴りあげ、ときには店内の女の目前でヤキを入れたのだという。

「女もビビるけど、ヤクザは怖いものって思っているからそれほど後に残らない。女の心も揺さぶれるし、店側にもちょっと脅しが利くから一石二鳥ってわけさ」なんてうそぶいていたものだ。ただ、いまの御時世、こんなヤキの入れ方をすれば、若い衆はすぐに飛んで（逃げて）いなくなってしまう、と笑っていたが。

このようにして、ヤクザは自分の持つ暴力的な部分を十分に活かしながら、女の感情に揺さぶりをかける。言い方を変えれば、ヤクザと付き合っていれば常に肝試しをされてるようなドキドキ感を味わうことができるのだ。このドキドキ感の虜になってしまう女はとても多い。言い方を変えれば、ヤクザと付き合っていれば常に障害があるようなものだから、女の恋愛感情はとても高まりやすい。この障害を乗り越えたときの達成感に、女は痺れてしまうのだろう。

われわれ一般人は、ヤクザのように暴力を振るうことはできない。ただ、別の方法で、女に対して障害を与え続けることはできるかもしれない。

またロミオとジュリエット効果とは少し違うが、人は不安なときに、同じ境遇の人にシンパシーを感じるという調査がある。アメリカのシャクターという心理学者が行った実験で証明されたものだ。

電気ショックの心理学的な効果を確かめるために参加した女性に対し、電気ショックの危険性や痛みなどのネガティブな情報を与えた。そして実験が始まる前、誰も居ない控え室と複数の実験仲間がいる控え室を用意してどちらかに入って待つように指示したところ、彼女は当然のように実験仲間がいる部屋に入室したという。これは、恐怖や不安に襲われたときには誰かと一緒にいたいと願うものである、ということの証明となった。だから、できるだけ同じ境遇を作り出すことも、女を落とす上で重要になる。

筆者が体験した神戸の飲み屋の女の話をしよう。かつて中野の記事を書いた時に、その女がちょっとした注文を付けてきたことがあった。「中野さんのことを書くのならもっとよく書いてよ。中野さんって、すっごく頼りになるいい人なんだから。このあたりじゃ評判よ。中野さんのこと悪く言う人なんか誰もいないもの」といったものだったが、普通はヤクザの記事を書いたところでヤクザ以外からクレームや注文がくることはめったにない。飲み屋のおねえちゃんにこのような行動を取らせてしまうほどの魅力が、中野にあったということだ。

中野の特徴のひとつとして、義理堅いというところが挙げられる。ヤクザの義理ごとは言うまでもなく、堅気の冠婚葬祭にも欠かさず顔をだす。かつて長い間関係が途絶えていた元ヤクザ者の葬儀で、焼香に訪れた中野の姿を筆者は目撃したことがある。このような義理堅さ、言い換えると仁義を大切にする誠実さが、女との間でも発揮されていたに違いない。

後年の中野太郎

恋愛に関して言うならば、もともとモテる人間に誠実さがプラスされると鬼に金棒だ。もはや無敵。もともとマジメな男が誠実さをアピールしても大して意味をなさないだろうが、ヤクザだから、または遊んできた人間だからこそ、誠実さを強調することでさらにモテるようになるのである。

男も女も惚れてしまう、武闘派であり人情味もある中野太郎の人となりがわかるエピソードだったと言えよう。

第5章

周囲の人間を取り込む天才的人誑《たら》し術

三代目山口組若頭補佐
菅谷政雄

ビジネス編

一発逆転のアリストテレス式説得法

借りは倍にして返せ

山口組の歴史を語るときに、どうしても外せない男がいる。

通称〝ボンノ〟こと菅谷政雄。若い頃、神戸の三宮で朝鮮人や台湾人、中国人らを率いて国際ギャング団を結成し、ヤクザ相手に一歩も引かなかった男だ。

菅谷は、後に田岡三代目の盃をもらい、自らの菅谷組を一大勢力にしていくが、それはとりもなおさず、山口組が日本一の大組織になっていく礎のひとつともなった。

菅谷は粋なヤクザで、そのファッションセンスは俳優の若山富三郎や鶴田浩二にまで影響を与えたと言われている。乗っている車はリンカーン、好きな曲は「セントルイス・ブルース」で、行きつけのお気に入りのクラブでは菅谷が姿を現すと、店はそれまでの演奏を中断してこの曲を流した。

「わいは、新しい型の侠客になるんや」――菅谷はこう、自分自身に言い聞かせていた。菅谷は欲望のままに生きていたが、刺青を入れなかったし、若い者が下手を売っても（失敗事をやらかしても）、断指することさえ許さなかった。頭を丸めることでよしとしたのだ。菅谷は荒くれものの代表のように言われるが、実は「愛されるヤクザ」を目指していた。

これは単に菅谷だけではない。すべてのヤクザが、と言っていいほどヤクザは愛されることを望む。筆者が接触した数多くのヤクザは、それが大物であればあるほど「嫌われてもいいと思ったことなどいっぺんもない」と明言していた。ヤクザに限らず、およそ〝ヒト〟というものは本質的にそういう存在なのだろう。

菅谷政雄

菅谷のその人間味あふれる魅力は、多くの人を虜にしていった。そして、昭和40年代後半から昭和51年にかけて絶頂を誇った菅谷組の力を、本家も無視できなくなった。すでに昭和38年には、当時も続いていた地道行雄若頭体制のもとで若頭補佐におさまり、地道行雄―梶原清晴―

山本健一と若頭が代わっても、12年間の長きにわたり若頭補佐に居続けた実力者であった。田岡三代目組長はもちろん、後に両者で若頭を争うことになる山本健一と山本広からも、一目も二目も置かれた存在であったのだ。

ひとことで言うなら、菅谷は〝人誑《たら》し〟であった。

ヤクザの筋目を通しすぎることで一目置かれるも、どの親分もコントロールできずにいた波谷守之という博徒がいた。この波谷を舎弟にして、支配下に置いたのが菅谷だった。波谷は「最後の博徒」とも「天一坊」とも呼ばれ、博徒としては神格化された筋金入りのヤクザである。親分、兄貴分を持つことを潔しとせず、誰の下にも付かない、いわば孤狼として任侠界で屹立していた実力者の波谷をも手なずけた菅谷。その魅力と度量の深さは並大抵のものではなかった。

菅谷は、右腕として仕えた菅谷組の舎弟頭である浅野二郎や若頭の上田亭らを可愛がるのは当然だったが、一晩で1億円を使い果たしてしまう波谷のような、破天荒な男も愛した。

あるとき、波谷が久しぶりにやってきて、「兄貴、1億円貸してくんない（貸してくれ、という広島弁。波谷は広島出身）」と、突拍子もないお願いをしたことがあった。菅谷はこれに心地よく応じ、1億円をかき集めて波谷に渡した。

ところが波谷はあっという間に博打で使いはたし、すぐにまた姿を現し、

「もう1億円、貸してくんない」と頼み込む。

菅谷にもプライドがある。「金がない」とは言えない。「ええやろ」と、また1億円貸してしまうのだ。

こうした姿を、子分たちは見ていた。

「親分は、惚れた男のためならなんでもするわいな」と感激して、子分たちはいっそう菅谷を敬慕するようになったという。

この話には後日談がある。後に、波谷はまたぶらりと姿を現した。手にはいくつかのバッグをぶら下げていた。そして、「兄貴、これ使ってくんない」とぶっきらぼうに言ってすぐに去ってしまった。

「なんや、けったいなやっちゃな」と菅谷が苦笑してバッグを開けてみると、中には3億円が入っていた。

「なんに使うかどうかも聞かずに2億円渡してしまう親分も親分やが、それを3億円にして返す波谷さんもさすがやな」と、組員たちはびっくり仰天したという。

この話には、ビジネス世界でも通用するある原理が潜んでいる。あなたは、誰かを仕事面で優遇してあげた。その御礼として、何かしらの仕事を回してもらえた。こうしたことは社会ではよくあることだ。

豊臣秀吉は、自らの城を造る棟梁・左官を大切にした。ときとして相場よりも多くの報酬を渡したが、その代わりに棟梁や左官たちは「緊急に城を造る」となったときに勇んでかけつけて、けっして自らは高い報酬を求めなかった。

松下電器の社長の松下幸之助は、事業を始めた頃に、みずからは生活費が足りないのに自腹で社員たちに夜食を振る舞った。これで社員たちは奮起して、寝る間も惜しんで働いたのだ。

これこそ「先行投資」のお手本といえるだろう。

その代わりに、裏切るものにはとことん冷や飯をくらわすのも「人間操縦術」では重要だ。これに関して、後に当事者が射殺されるという悲劇に発展した「川内弘組長射殺事件」というのがある。

福井県の三国を本拠とする川内組の組長、川内弘は菅谷組舎弟だったが、菅谷を飛び越えてしばしば本家の幹部に「直参に取り立ててほしい」と懇願し続けていた。これについて、菅谷は内心苦々しく思っていた。

川内弘は昭和48年に、長年仕えてくれた副組長の坪川三彦をはじめ、舎弟の福矢正栄らをつぎつぎに絶縁し始めた。昭和49年2月、絶縁された坪川の子分が川内組の新しい舎弟頭である宮原省治を狙撃する。

これに端を発した内部抗争は、川内に肩入れする山口組本家と、坪川を取り立てていきたい菅谷組とが対峙するという好ましくない状況を生んだ。

山口組幹部会で直参に推挙されるのを確認した後で、川内は菅谷のところに詫び入れに来るという行動に出るのだが、この策謀を知るや、菅谷は川内を破門にしたのである。

こうした「信じてもらうと手厚いが、裏切るとたいへんな目にあう」と思わせるのも組織統治としては重要だ。そのためには、「人には尽くしまくって恩義をきせる」ことがものをいってくるのだろう。

後に川内は波谷組組員らに暗殺された。これを聞いて田岡三代目組長は「子を殺す親は許せん」と激怒する。親分・田岡の怒りを知った若頭の山本健一は苦渋の決断をする。それは、「三代目山口組幹部一同」の名で菅谷に絶縁状を渡すことだった。

しかし菅谷は、「ワシを絶縁できるのは田岡親分だけや。絶縁状には親分の名前はない。幹部一同からの絶縁など認めん。山口組の看板なしでも組は解散しない。堅気になりたいものはなれ。わしは引き止めやせん」と組員たちに告げ、反発の姿勢をみせた。このとき幹部をはじめ末端組員も、「親分に付いていきます」と多くの者が組に残った。こうしたことからも、菅谷の行動学からは学ぶものが多くありそうだ。ただし、ヤクザの身の所作としては本筋とは言えないだろう。

菅谷は後に、田岡三代目組長に気に入られた優位性を活かせなかった「悲劇のヤクザ」として語られていくのだが、その「引き際」は、また別の項目で展開したい。

大事なときほど目を見て説得せよ

目は口ほどにものを言い、と言う。

菅谷は、よく組同士の揉め事の仲裁を頼まれた。「ボンノは石の地蔵さんでも動かす」というほど説得力があったのだ。その交渉術は、いまもなお伝説となって残っているほどだ。

菅谷は波谷には億単位で金を出したにもかかわらず、最側近の浅野からの借金の申し入れは簡単に跳ねてしまうところがあった。

「浅野よ。わしが他人に貸した金は、お前に取り立ててもらえる。そやろ。そやけどなあ、お前に金貸して誰が取りに行くのや。わしが取り立てにいくんかい。そんなしょうもないこと、わしにできるか」と、こう言って食い下がる浅野を引き下がらせるのである。

浅野は浅野で「けっこうです」と肩を怒らせて部屋を出て行こうとする。それを菅谷は「まあ、待て」と押しとどめる。押しとどめたからには金を貸すのかと言えば、さにあらず。菅谷は浅野の目をのぞき込むようにじっと見て、言葉をつなぐのだ。

「ええか、おまえに金を渡すのは簡単なことや。けどな、金の貸し借りはお互いの人間関係をおかしくする。そのために、ワシは心を鬼にして断ってるんや。わかってくれ」

こうなると、浅野はほろりとなってしまう。「そうか、兄貴はそこまでワシのことを大事に思っとるんか」というわけだ。

話はそこで終わらない。今度こそ部屋を出ようとする浅野に対し、菅谷は「今ここにある金はこれで全部や。残りは明日届けさせる。これは貸すんやない。おまえにあげる金や。返さんでもええから」と現金を袋に詰めて渡したという。推測だが、浅野は「この兄貴のためならいつ死んでもええ」と思ったのではないか。

菅谷は、こうしたひとつひとつの交渉では、目をぴたっと交渉相手に向けて、けっしてそらさなかった。

これは、たとえば営業や交渉術にも使えるテクニックではないか。孫子にはこんな言葉がある。「激水のはやくして石を漂わすに至る者は、勢いなり」と。孫子は、戦いの士気とは「勢い」と捉えた。「勢い」は目に現れる。

また、巨人をV9に導いた川上哲治監督は、「いざという決戦のとき、選手ひとりひとりの目をのぞき込むように話をした」という。これはミーティングでのエピソードをV9メンバーである高田繁がある場所で語った言葉だ。「鉄のカーテン」と呼ばれた川上監督のミーティングは時間がかかったといわれているが、その内実はこんなところに原因があったようだ。これは、アントニオ猪木ではないが、ひとりひとりに「闘魂」を注入する、一種の儀式だったとも言えるだろう。

イギリスの動物学者、エドモンド・モリスは、動物実験で「じっと目を見てしつけようとしたネズミは、ほかのネズミに比べて餌のありかに到達するのが早い」という実験結果を得た。

また、「心と体は共鳴する」と提唱したのは、古くは心身二元論を否定した哲学者たちだが、現代は「心と体は一体（色心不二）」だと考えるのが常識で、相手が真剣に話せば、聞いているほうも真剣になる。こうして「共振」するのがコミュニケーションの基礎だと考えられている。

加えて菅谷は、知らず知らずに人を「催眠療法」にかける〝トランスワード〟を使っていたようだ。

〝トランスワード〟とは、相手の声の使い方に耳を傾け、それに自分の声を合わせた上、同時に自分の言いたいことも忘れない――というもの。そんなことができたら理想だと思うが、ミルトンH・エリクソン（精神科医・心理学者）は、これを「相手の声やしゃべりかたに似せて、口ぐせなども真似しながら、相手を催眠、つまりトランス状態に追い込んでいくというやり方」だと説明している。

「トランス状態」に追い込むにはどうすればいいのか。**「それは、いったん相手の言い分をすべて受け止めてから、自分の言い分を伝える」というアプローチ法が効果的**だとされる。

菅谷は、「たとえ一割のうち二分しか理がなくとも、先に助けを求めてきたほうに味方をする」という考えだった。梶原若頭が磯釣り時に高波に流されて死亡し、空席になった若頭をめぐって若頭補佐たちの間で互選となった際、本来なら山本健一を担ぐところを、山本広が頭を下げてきたので「すまん、健ちゃん」と心の中で山健に謝りながら、山本広を推薦した。菅谷は、田岡三代目組長から盃をもらったとき、地道若頭への対抗心から山本健一とは本来、仲がよかったとされている。

ところが田岡三代目組長は、互選の結果若頭内定となった山本広では、彼の優柔不断な性格上、組織がまとまらないとみていた。そこで菅谷を呼び出して「ボン、広に頭（若頭）を降りるように伝えてくれ」と言い放つ。

これには伏線があった。山本健一は、「山本広が若頭になるなら、わしは若頭補佐を降りる」と言い出してぶんむくれていたのだ。

田岡三代目組長は、はなから山本健一を若頭に据えるつもりだった。菅谷はしぶしぶ、山本広に若頭を降りるように説得した。

「田岡の親分の意向や。親分が黒と言ったもんは、たとえ雲みたく白でも、それは〝真っ黒〟なんや」と菅谷は山本広を黙らせ、ひいては懇意にしている組幹部も説得した。

「山本広じゃなくて山健かい。ボンちゃん、あんた、ボケたんと違うか」と言われても「それはそうや。あんたが言うとおりや。せやけどな。谷崎組との抗争、博多事件、広島代理戦争……。山広やと優しくて組がまとまりそうな気もするが、実績から言うたら、やはり健ちゃんや。そやろ」と説得を続けたという。

だが菅谷が「俺が若頭にしてやったようなもんや」と自慢げに吹聴していた山本健一若頭から、菅谷は一生悔いを残す処分をされる。

「あの人は筋にうるさい」と思わせたほうが勝ち

菅谷の配下である川内弘は、『北陸の帝王』と呼ばれるほどの有力組長だった。彼は田岡三代目組長から直接盃をもらおうとして菅谷に睨まれ、昭和52年1月24日、ヤクザ界に破門状を回されることになる。

このとき、川内に絶縁され、福井市から追われていた川内組副組長の坪川三彦が、兄弟分の小山敏夫（浅野組副組長）を頼ってきた。小山は浅野組の実力者であり、兄弟分の面倒見もよかったし、西成区に自分の事務所を置いて若い衆も20人あまり連れていた。

「川内が菅谷組から破門された上は、誰に遠慮をすることもない。福井に帰って再起したいから兄弟の力を貸してくれ」と坪川は小山に頼み込む。

「何をすればええのや」と小山が坪川に聞くと、

「うん、俺は自分の甲斐性でやっていくつもりだが、一匹狼では誰も相手にしてくれんやろうから、後ろ盾に浅野さんの盃がほしい」

と頼みこんだ。小山は「兄貴に頼んでみる」と答えた。その結果、坪川は小山の口添えで、浅野二郎から舎弟の盃を受けた。

福井に帰った坪川は、市内の小料理屋「あゆみ」の奥に事務所を構えて、反川内組の木村忠雄、加納一恵ら二十数人を糾合して、新しい組織を発足させようと準備を始めた。菅谷組から破門されたといっても、福井は川内組の縄張りである。福井市内にある川内組系と坪川組系の間には、当然のように緊迫した状況が生まれた。

本来、山口組の三次団体の組長が、田岡三代目組長の盃をもらって直系若中になるためには、自分が所属している二次団体、つまり川内の場合は菅谷組組長である菅谷の推薦が必須である。この慣例を無視して、菅谷をすっとばして山口組幹部に「直参になりたい」と申し出た川内に対して、菅谷は怒り心頭だった。

「川内のやつ、筋が通らんやんけ」と、しばしばテーブルをひっくり返したという。川内の処遇を決

める菅谷組幹部会で、「ボスの下に『北陸の帝王』はいらんわい」と獅子吼した話は、あまりにも有名だ。同時に菅谷は、

「なぜ田岡の親分は『川内をほしい』と直接言ってこんのか」とも考えていた。

それはともあれ、このケースでは、菅谷の方に筋が通っているとする見方が、当時からヤクザ世界の一部にあったのは確かだ。

これは、われわれ一般サラリーマンにも言えることだ。

あなたは課長の下でプロジェクトを進めている。課長の上にはプロジェクト長がいる。そのプロジェクト長が「週末だけ手伝いに来ないか」と、課長を飛ばして直接あなたに言ってきたとする。そのとき、あなたはどう返事をするのか。

「プロジェクト長、それは筋がちがいます。話は課長を通してください」と言い張るべきなのかどうか。言い張れば、あなたはプロジェクト長から睨まれるかもしれない。そして、出世の道が閉ざされるかもしれない。

しかし周囲の人には、「言うべきことをきちんと言った。彼は筋を通す立派な男だ」と映るだろう。立場を立てられた課長からは一目置かれ、今後何くれとなくあなたを引き立てていくに違いない。

ユング（心理学者）の「性格分類学」には、『**自分の感情や気分は、外部の客観的な出来事によっ**

て一義的に決定されるものではなく、自分がその出来事をどのように解釈するかによって気分・感情の状態は変わってくる』とある。つまり、気分や感情に対する『ヘゲモニー（主導権）の回復』である。

菅谷組組員は、この「川内騒動」をどう解釈したのか。推測だが「親分のほうの筋に分がある」と判断したのだろう。もちろん、山口組本家でも菅谷を支持する勢力がないではなかった。

「孫子」の兵法には『我は専《あつ》まりて一となり、敵は分かれて十となれば、これ十をもってその一を攻むるなり』とある。これは、『こちらが仮に一つに集中し、敵が十に分散したとする。それなら、十の力で一の力を相手にすることになる』という意味だ。

対川内戦においては、理の上では菅谷が勝っていたと言えるのかもしれない。いっぽうで、小山は「少しくらい無理をしても、福井を自分の後押しで浅野組の橋頭堡にできればいい」と考えたのかもしれない。

その後、坪川が発足させた新組織「共進会」への川内組の殴り込みが起こる。そのとき、浅野組の最高幹部4人で、川内の暗殺に関しては共進会の意向に任せるとの決定をしたのは、小山が会議の席で「責任を持つ」と言ったからとされている。直系組員は40人、系列の構成員を含めて200人の浅野組が、400人の川内組の親分、川内弘を襲撃する。その小山の決意を浅野も感じとっていたにちがいない。

そして浅野の決意は、すなわち菅谷の心情と重なる。後に、川内は刺客に暗殺され「破門した子を殺すとは何事や」と、田岡三代目組長はじめ山本健一以下の山口組幹部らを激怒させた。そして「ヤクザ世界での死刑宣告」とも言われる絶縁処分となってしまった。それでも「筋を通した極道」として、菅谷はいまもなお、ヤクザ界のみならずわれわれにもその「ぶれない生き様」を見せ続けている。

これは、一般社会に生きる者にとっても、学ぶ要素が多い出来事だったと言える。

もっともできる部下の言い分を聞け

中国では主君を諫めるということが、昔から非常に大事な参謀の役割のひとつとされてきた。古来から、直諫《ちょっかん》と諷諫《ふうかん》というように、諫言の仕方についてもいろいろな工夫が施され、知恵が生まれた。

直諫というのは、「皇帝、これは駄目です」というふうにダイレクトに忠告するやり方だ。このやり方では皇帝にも皇帝の面子があり、往々にして逆鱗に触れる。諫言というのは難しい。

その一方で諷諫というのは、さまざまなたとえ話で皇帝にそれとなくわかるように持っていく方法である。「皇帝、こういう考えもあるようです」といった形でいくつかの考え方を提示し、皇帝に選ばせながらうまく誘導していく、というような諫め方である。

さて、有能な将軍には有能な軍師がいる。豊臣秀吉には黒田官兵衛がいた。劉備には諸葛孔明がいたし、皇帝ナポレオンには軍師としてルイ＝ニコラ・ダヴーがいた。そして菅谷には、もっとも信頼していた部下として「最後の博徒」の波谷守之がいた。ときとして信頼している部下の忠言が、人生を正しい方向に導いてくれる。

心理学者のヘンリック・フェキセウスによると、有能な軍師は「自信に満ちあふれて、わくわくする状態」にその将軍を導いてくれるという。ヘンリック・フェキセウスは、そうした、**心を呼びさましてくれる存在を「アンカー」と呼んでいる**。菅谷にとっての「アンカー」はズバリ、波谷守之だった。では時空を遡り、菅谷の戦略に学んでいこう。

さて、前に述べたように、菅谷は山口組から絶縁状を出され「命まで狙われている」と囁かれる中で、知り合いの組に身を隠す。通常、絶縁状を出されたら引退しなければならず、もししなかったら命を取られても仕方がない。だが、菅谷は引退しなかった。山口組の昔の仲間の中には「ボンちゃんよ、堅気になってくれんかい」と、打診してくる者もいた。

だが、「なんでや。なんでワシが引退せにゃならんのや。ワシが山口組にどんな悪いことをしたんかい。ほんまにワシが悪いゆうなら、殺しにこんかい」と一蹴し、忠告をはねつけていた。絶縁状には親分である田岡一雄組長の名前はなかった。そんな絶縁状には従えない、というのが菅谷の論理である。

「たとえ、山口組の刺客に殺されようと、おのれの誇りだけは失いたくない。一緒に死んでくれるといった波谷が娑婆におってくれたら、ワシも納得できる往生の道を探してくれるかもしれへん」と、菅谷は呻吟したことだろう。しかし、もっとも頼りにすべき波谷は、川内殺害の冤罪で獄の身にあった。

川内暗殺チームのうち3人は、一審で「懲役15年」の判決を受け、控訴せずに仙台、岐阜、熊本と分かれて服役している。彼らと分離裁判になった波谷の弁護団は、「川内暗殺は、親分の波谷に命じられた」と供述した波谷組組員の延岡朝夫の取り調べに違法があったことを指摘し、延岡の「検面調書」には証拠能力がないと主張、一審の弁護団も、そして傍聴した者もみんな「捜査当局の違法や偽証」があったとして無罪の判決を信じていた。

だが、検察官は論告求刑で「無期懲役」を求刑していた。昭和53年7月6日、福井地裁は波谷守之に「懲役二十年」の判決を下す。これに唖然としたのは被告人の波谷や菅谷だけではない。弁護士たちも信じられなかった。検察が証拠採用しているのは、共犯者の延岡朝夫によるたった二枚の検面調書だ。その内容は、でっちあげであるとしても、あまりにも乱雑なものだった。

《昭和五十二年四月一日の夜七時ごろ、延岡は親分、波谷守之から電話で呼ばれて親分宅を兼ねている波谷組事務所に行った。事務所には、親分が一人で待っており、すぐに応接室へ通されて二人きりの話になった。そこで、親分から『わしのために死んでくれ。川内をやって（殺して）くれ』といわれた。大変なことになったと思いながら、「わかりました」と延岡は返事をして川内殺害を引き受けた。四月五日ころ、親分からすぐ来るように電話があり、延岡は親分宅へ行った。この時も事務所へは顔を出さず、当番の案内もなくそのまま応接間に入った。そこで拳銃二丁と紙に包んだ実弾や帯封のある百万円の束二つを受け取った。拳銃は裸のままで紙に包まれたり袋に入れたりはしていなかった。このときも親分と二人だけだった。応接間を出て、事務所へは顔を出さず、また当番に挨拶せずに帰った。》

この調書によると、波谷組事務所のシステムをまったく無視した内容となっている。通常、組事務所にはふたり一組で詰めており、電話、そのほかの応対をしている。通りに面した数寄屋門の脇にあるインタホンで、当番の組員に用件を伝え、内側から脇戸の鍵を開けてもらわない限り中には入れない。およそ、常識では、ヤクザの事務所に行って、当番の組員を通さずに親分と会うことは、どこの組でも不可能だ。さらに、四月一日は、延岡の内妻が強盗に襲われた日で、その晩に親分宅に呼びつけられたことに間違いないとしていた。が、検事がこの日と特定したことで、逆に被告人のアリバイが成立し、無実を証明できる流れとなっていく。

金沢に波谷は移監されていくが、菅谷も出資法違反の疑いがかかり、煩わしい裁判を抱えていた。そして府中刑務所に落ちる。

昭和56年の末頃から、名和忠雄（関西で知られた元親分）という人が動いて、菅谷組の中枢にいる舎弟の平岡義明、佐々木竜二、菅原庸の四人を組抜けさせる。山口組から絶縁されてもなんとかしのいできた菅谷組だったが、これは、少しずつ崩壊に向かっていく端緒となる出来事となった。

菅谷にまず引退を迫ったのは、側近中の側近、浅野二郎だった。

「ボス、引退してもらえませんか。そして、老後を安楽に暮らしてほしいんですわ。それが皆の希望なんです。そのことを皆に報告せんならんのです。上田が話にならんので、わしが来ましたんや」

菅谷は何も言わない。浅野が続ける。

「引退はせん、田岡親分に盾つかん言わはっても、それはもう通りまへんのや」

「……」

浅野は必死だったに違いない。彼は、菅谷組はばらばらに解散するのではなく、いくつかに分割されても、まとまった形で山口組に復帰できる道を付けたいと思っていたようだ。これは昭和56年6月9日の出来事だった。ここでうなずかない菅谷が引退を決めるのは、6月10日のことだ。引退を迫ったのは、波谷守之だとされる。

「兄貴、引退しない。引退して楽になりない。兄貴には畳の上で死んでほしいんじゃ」

この波谷の言葉に、菅谷は涙を流して同意したとされる。

かつて、菅谷が博打に夢中になり、支配下の組すべてに電話して、「ありったけの金を金庫から持ってこんかい」と獅子吼したとき、体を張って止めたのも波谷だったという。

「兄貴、博打はもうやめときない」

菅谷は激怒して波谷を怒鳴りつける。

「われ、誰にものを言うとるんや。そもそも、一晩で1億円も博打に使うおのれに言われとうないわい」と罵倒すると、波谷は鋭い視線を菅谷に向けてこう言い返したらしい。

「わしの場合は、唯一のしのぎじゃが、兄貴にとっては博打はただの遊びじゃろうが。他人に迷惑をかけてまでやる遊びはやめない」

古来から、真心こめて仕える部下を大切にする主君は栄えるとされる。上杉景勝には直江兼続が、豊臣秀吉には石田三成がいた。一番、信頼する部下がもし諫言してきたら、素直に聞くことが肝要だ。

さて、菅谷は竹中正久（当時は若頭補佐、後の山口組四代目組長）の導きもあって、ようやく田岡三代目組長に引退を伝える運びとなった。このとき波谷は、「三代目に挨拶するときは、『引退する』

ではあかんで。もう『引退しました』と言っておくんなはれ」と菅谷に言い含め、竹中には「いろいろと気を遣わせてすまんな」と労をねぎらったと言われている。

田岡三代目組長の黄金時代を支えたボンノと、入れ違いに組を背負っていく竹中正久が、引退の日に交錯しあった瞬間であった。

恋愛編

自分が「粋」に見える演出をしろ

沈黙は金――「求められたら発言する」という重さが大事

菅谷には、惚れた女がいた。

だがその女は、菅谷が獄中にいる間に、病死してしまう。このことを伝えたのは、当時の兵庫県警刑事課長であり、後の警視総監となる秦野章だと伝えられている。

菅谷は愛妻家であり、子煩悩だった。菅谷は、最初の妻に死なれた後、事実上の二度目の妻となる玉恵と、神戸市山の手の野崎通で所帯を持った。しばらくして篠原本町に土地を買い、自宅を建てた。小さい家だが、高台の街からは神戸港が一望できる。年は若いが、玉恵は身ぎれいで所帯持ちもよく、家庭的な雰囲気を持っていたので、菅谷は初めて気が休まる場所を得た思いがしたのではないか。

その菅谷は、山口組の幹部会で「ああでもない、こうでもない」と皆が議論をしていると、そっぽを向いた。体は前を向いていても、顔は横である。そして突如として「帰るぞ」と言い出す。

「まあ、待ちなよ、兄弟」と誰かが止める。

「ボンちゃんにも言い分があるやろ。言うてくれんかい」と親しい者が言う。そこで初めて「ほな、言わしてもらうで」と一同を凝視する。

全員、固唾を飲んで菅谷を見る。

「ほな、言わしてもらうで。ええか」と言って、とうとう意見を述べる。

最終的には「そうしたほうが親分も喜ぶと思うで」と菅谷が言うと会議は一決、そのとおりになったという。

スタンダールは『恋愛論』でこう書く。

《女は恋人に会うと、すばやく思いめぐらすか、愛する幸福に身を任せてしまうか、どちらかである。このとき、男が少しでも攻勢に出ると、女はいやいや幸福から出てくる。戦うためにはあらゆる快楽を捨てねばならないから。恋する男の役割はもっと簡単である。彼は愛する女の眼を見さえすればよい。たった一つの微笑が彼を幸福の絶頂へ押し上げる。彼はたえずそういう微笑を得ようと努める。（第1巻第8章より）》

つまり、「男はまず、女の話を微笑して聞け」ということだ。

あなたが仕事から家に帰ってきたとしよう。妻がやさしく微笑んで一日の出来事を話す。このとき、「うるさい。風呂から出てから聞く」と話をさえぎってはいけない。スタンダールが「愛する女の眼を見さえすればよい」と言っているように、**抗うことなく女の話を聞こう。そして意見を求められたら一気に説き伏せよう。**

たとえば、「あなた、子供のためにも引っ越しを考えてみましょう」と相談されたら、「そんな必要ない。なぜならば……」と一気に説得するのだ。

私たち人間は社会に適応するために、ある意味で「仮面」をかぶっている。

心理学者のユングはそれを「ペルソナ」と呼び、これには自分が持っている悪の部分（シャドー）を隠し追いやる効果があるとされる。

たとえば、警官や学校の教師たちの旅行ほど困ることはない、と旅館のスタッフはよく言う。野放図で傍若無人に振る舞う傾向が強いからだ。これは「シャドー」を抱え込んでいて、その旅行で開放させているから、という構図である。

女性は、男性の「シャドー」を母性により封じ込めることができるだろうか。

男が家に帰る。そのとき、男の「シャドー」は開放されたがっている。そこで妻が「今日はこんなことがあったの」と話しかけられても、「うっせえな」と思われてしまうのがオチだろう。

あなたは「ペルソナ」を維持できるか、それとも「シャドー」を開放させてしまうのか。

そうした意味で、菅谷がぎりぎりまで「ペルソナ」を維持し、周囲に求められてようやく「シャドー」を開放させるやりかたは面白い。少なくとも、周囲に対して「我慢強い」と思わせる効果はありそうだ。

話を冒頭に戻すと、菅谷は「ずっと様子を見ていて、最後に発言する者が一番重く見られる」と本能でわかっていた。

明智光秀は有能であったが、知識や教養をひけらかすようなところがあり、これについては織田信長は気に入らなかったようだ。一方で羽柴秀吉（豊臣秀吉）は、役に立つ男ではあるものの教養には欠けるところがあった。そして秀吉は、信長に意見を聞かれるまではいつも辛抱強く我慢していた。後に、信長はある時点から明智に対して憎しみを抱くようになる。「光秀め、偉そうに知識をひけらかしおって」というわけだ。真っ先に知識をひけらかす光秀よりも秀吉を重宝したのは、なんとなく理解できるような気がする。

アメリカ大陸を発見したコロンブスも、部下たちが「ああでもない、こうでもない」とさんざん航路について議論しているのを見て、「南に進路をとれ」とポツリとつぶやいたようだ。こうしてうまく「ペルソナ」を身にまとい、効果的にシャドーを追いやった。われわれも彼女の話をうまく聞いてやり、ひいては女性をうまく操れるようになりたいものである。

「セントルイス・ブルース」を流す男

ひとたび街中に出れば、その立ち居振る舞いは『粋』そのもの。男も女もそんな菅谷にすっかり惹かれていた。とくに盛り場では、多くの子分を引き連れて歩くのだが、気にいった客にはすぐに奢ってしまう。

「親分、気前がいいのもいいかげんにしなはれ」と側近にたしなめられるのだが、意に介さない。そもそも「ボンちゃんは支払いがきれいやから好き」と、スナックやバーでは大もてだった。いつも支払いはキャッシュ。しかも気にいったホステスには、チップを握らせる。これではファンが多くなるのも当たり前である。

菅谷が若い頃の話だ。警察に追跡されていた菅谷は、温泉で連れの女が見ている前で逮捕されてしまう。そしてその女は、菅谷が刑務所に入ってしまったことで離れていき、ついに死別となる。子供は女の姉が預かることになったと刑務所で聞いた菅谷は、「二度とそんな悲しい思いをしたくない」と決意したのだろう、その後に縁を持った女は、とことん面倒をみた。一回こっきりの女であれ、何度も会うことになる盛り場の女であれ、「女には優しかった」と周囲の人々は証言している。

キャバレーなどでは、リンカーンに乗って現れ、白いスーツに銀のカフスボタン、そしてローレックスの時計で身を飾った。そうした威風堂々とした振る舞いに、ホステスのみならず、女という女は夢中になっていった。

酒に強いのも魅力で、一緒に飲んでいる女に「ボンちゃん、もう酔ったの？」と言われると、「酔うてへん。酔っているとすればあんたにや」と切り返し、女のハートをわしづかみにする。こんな口説き文句を聞かされたら、女もたまったものではない。

これは心理学的には、**「事実＋暗示」という連結法だ。これには〝理性のチェックをすり抜ける〟という特徴がある。**「あんたが素敵だから俺も酔う」という言い方には、相手を思う〝気持ち〟がより強く相手に伝わる魔力が秘められている。

こんな風に男女の人気を集め、まさに粋と男のダンディズムを周囲に発散し続けた菅谷の振る舞いは、多くの組員を憧れさせたという。

「いつかは、あんなかっこいい極道になりたい」という憧憬は、ついに彼をモデルにした映画として昇華する。菅谷は俳優として、若山富三郎とともに映画に出演したことがある。そんな派手な一面があるかと思えば、篤志家の一面もある。刑務所ではこんな日記を書いている。

《六月十一日、土曜日、晴後小雨。石の上にも三年というが、受刑してはや四年の月日が経った。顧みれば、長い厳しい道であるが、過ぎてしまえば昨日のように思う。この間から思っていることをここに書いておこう。またここに書いたことを、必ず実行する決心でいる。私は、他人の誠意を受けて、今日に至るまで自分の手にまめをこしらえてお金を儲けた事がない。この生活に入って、本当に私一人の力で汗や脂で手にまめをこしらえて、月々なにがしかの賞与金をもらっている。このお金は、私にとってもっとも意義のある金である。この金を、出所したときいかように使うか、その方法を考えている。生涯、忘れないよう、そして、もっとも意義のある正しい使い方をしようと思っている。その方法を色いろと考えた末、当地にレプラ患者がいる『大島収容所』にこの金を使ってもらうことが一番であり、もっとも相応しい使い道だと思うようになった。私は決して偽善的な気持ちや売名的な気持ちでなく、又他人から言われたのでもなく、本当に誠心からこうする事が、この金の使うに値あるものと信じている。いつの日出所出来るか知らぬが、それまでの間賞与金は1銭も使わず出所したらその日に大島に行く。》（『伝説のヤクザ　ボンノ』正延哲士著、幻冬舎）

菅谷は、この日記を書いた後、5年して出所するが、賞与金のすべてを「大島収容所」に寄付した。「レプラ」はハンセン氏病のことである。こうした、優しさを表には出さない奥ゆかしさも彼は兼ね備えていた。女心をくすぐるに十分ではなかろうか。

装いが粋だった菅谷政雄

荒くれ者、ボンノこと菅谷政雄。怖いものなしのボンノにも花心はあった。神戸の自宅には、いつも花を絶やさないように飾っていた。

「恋愛は美しい誤解があって初めて成立する」と分析したのはフロイトだが、このように知られざる一面を他人づてに聞いて、「ボンちゃん素敵だわ!」と女たちはメロメロになっていたようだ。いずれにしても、菅谷の「粋」には、われわれにとっても学ぶポイントが多い。

第6章

使えない部下をその気にさせるマネジメント術

柳川組組長

柳川次郎

ビジネス編

アメと鞭を使い分けろ

死を覚悟して事に当たれば不可能も可能となる

ヤクザ、暴力団あまたある中で、〝殺しの……〟という飛びきり凄いカンムリがついた呼び名を持つのは「柳川組」くらいなものだろう。その凶暴性、その戦闘力は数あるヤクザ団体の中で抜きんでており、山口組傘下でありながら単独で、警察庁の「10大広域指定暴力団」に指定されるほどだった。警察による頂上作戦が始まった頃の昭和39年のことである。それ以前の昭和38年、すでに上部団体である山口組と並んで「5大指定広域暴力団」にも指定されていた。このときに指定されたのは、この両者以外では錦政会（現在の稲川会）、本多会（のち大日本平和会＝解散）、松葉会だった。なお、昭和39年の「10大指定広域暴力団」とは、これらのほかに住吉会、日本国粋会（現在の山口組系國粋会）、

左が柳川次郎、右は地道行雄・三代目山口組若頭

東声会（現在の東亜会）、義人党（解散）、北星会（解散）がくわえられる。

いったい、上部団体と並んでこのような指定を受ける傘下組織があるだろうか。日本ヤクザ史上、唯一無二の、最初で最後の出来事であった。それだけ柳川組の存在は強烈だった。当時の兵庫県警の資料には、柳川組について次のように記してあるほどだ。

《ひとり一殺を看板として、他の団体の地盤へ遠慮会釈ない斬り込みをかけ、強引にそして急速に勢力を拡大していった。柳川組の先鋭、かつ凶暴ぶりは、山口組の背景もあって、他の団体の恐怖の的になっていった。》

その柳川組の首領は「マテンの黒シャツ」（マテンとは大阪市天満のこと）の異名をとった柳川次

郎その人。彼のプロフィールについては後述するが、柳川次郎と柳川組の名を一躍高からしめたのは、昭和33年2月の寒夜の下で戦われた鬼頭組との抗争であった。のちに「8人と100人の戦い」と喧伝されヤクザ史上に光芒を放つこの抗争は、どのようなものだったのか。

当時、柳川次郎は、大阪の西成に拠点を構える梅野組・梅野国生組長の客分になっていた。梅野は当時の大阪で大きな勢力を誇っていた博徒・酒梅組傘下の有力組長である。大阪の繁華街ミナミ近くの西成には飛田新地と称される一大売春地帯があり、ここは大きなシノギができる場所だった。売春だけでなく、麻薬密売、ポン引き、景品買い、取り立て、用心棒など、あらゆる非合法なことがまかり通っていた。

この飛田新地を仕切っていたのが鬼頭組だった。梅野組と同じく酒梅組の傘下であり、鬼頭清組長以下200人ほどの配下が控えていた。彼らは主に〝暴力ポン引き〟として客を引っ張り込み、言うことを聞かない客には殴る蹴るの暴行を働く無法集団だった。そのほか、売春婦や近辺の住人、酔客などに麻薬を密売するなど、その稼ぎは莫大なものがあった。当時の柳川一派は、もっぱらこの鬼頭組のシノギを荒らしまわったのである。鬼頭組系列の売春宿、麻薬の密売所、ポン引きのたまり場などを襲撃し、その日の売り上げをかっさらった。「ワルの上前を撥ねて何が悪い」というのが柳川の論法である。それはハッキリ、鬼頭組に喧嘩を売る行為だった。

たまりかねた鬼頭組は、縄張り内をパトロールし、血眼になって柳川一派の姿を探し回る。そうしてこの探索の網にかかったのが、秋良大豪という柳川一派の若い衆だった。西成の屋台でひとりで飲んでいるところを見つかったのだ。たちまち5人の鬼頭組組員に囲まれ大立ち回りとなったが、多勢に無勢で袋叩きにされ、鬼頭組事務所に連れ込まれた。

一部始終を見ていたヤジ馬によって、凶報は柳川のもとにもたらされた。鬼頭組は組員を集めて炊き出しをし、柳川一派が奪い返しに来るのに備えているという。

柳川一派が色めいたのは言うまでもない。秋良を取り返しに行こう、と叫ぶ若い衆もいたが、柳川は、鬼頭組がどんな要求をしてくるのかそれを見極めてからでも遅くはないとして、仲介人として梅野組長に間に立ってもらうことにした。同じ酒梅組系の仲間だから、話だけは聞くだろうとの読みもあった。

案の定、梅野はその交渉役を引き受けた。柳川としては、秋良を無事に返してくれれば西成を撤退してもいい、という覚悟だったという。この提案を相手が蹴ったときには戦う、という含みも持たせていた。

ところが、交渉に赴いた梅野組長の帰りが遅い。それもそのはず、最初に「ハイダシ（シマ荒らし）」を仕掛けたのは柳川じゃねえか、という鬼頭組長の言い分はもっともで、梅野組長はその懐柔に手を焼いていたからだ。時間がかかるはずである。じれた柳川とその一派のイライラは募り、「遅い！いつまで待っても仕方がない」「もう、行こう」などの声が出て、柳川も決断せざるを得なくなった。

このとき、柳川のそばにいた柳川一派のメンバーは、九州からやってきたばかりの福田留吉のほか、倉本広文、高信吾、斉藤登、松田重、武本个慧、福成信昭の7人。柳川を入れて8人である。後に柳川組二代目となる谷川康太郎は服役中であり、いなかった。

昭和33年2月10日午前0時過ぎ——柳川が、落ち着いた静かな声でこう言いながら立ち上がった。

「どうせ失うものは命だけだ。みんなで一緒に死のう！」

柳川は黒いオーバーの下に日本刀を隠し持ち、アジトから歩いて十分足らずの鬼頭組事務所に向かった。7人の仲間が後に続いた。

鬼頭組の事務所の手前まで来たとき、調停役としてもう一度柳川と話し合おうとして出てきた梅野組長とバッタリ出くわす。梅野はケンカ支度の柳川一派の様子を見るや、「待て！」と止めようとしたが、彼を送って外に出てきた鬼頭組若頭の宮本某が逆上し、「この野郎！」と懐のドスを引き抜き柳川に斬ってかかった。柳川はとっさに身をかわし、オーバーをはねのけた。宮本の白刃が空をきって体が前に泳いだところを福田らが襲いかかりズタズタにする。戦闘の火ぶたが切られたのだ。

この時、鬼頭組は１００人からの組員が戦闘態勢で待ち構えていたのだが、最初に若頭が血祭りにあげられ、柳川を先頭に殴り込んできた8人の姿に一瞬たじろいだ。この様子を見た柳川は「おーっ、みんな刀を振り回して行け〜っ！」と怒鳴った。

鬼頭組の事務所は裏通りに面していて道が狭い。人数が多くてもいっぺんに向かっていけない。先陣の7、8人は、柳川一派が悪鬼羅刹《あっきらせつ》のようなすさまじい形相と、死ぬ覚悟で突っ込んでくるのを見て浮き足立った。

しかし、鬼頭組長が事務所の二階から「何しとるんか、いてまえ！」と怒号。これに気を取り直した組員らが次々と逆襲に転じる。まさに白兵戦の死闘が展開されたのである。

さすがに西成に覇を唱える鬼頭組だけによく戦ったのだが、裏通りのため戦線を拡大できず、100人の勢力も柳川一派の8人に対して正面の男たちが歯向かうだけだったので、勢いづいた8人につぎつぎと倒される状況が展開された。その上、梅野組長が子分を率いて駆けつけてきた。戦いは短時間であり、警察が取り囲んで終わったのである。

こうして、無謀とも言える「8人対100人」の血戦に柳川一派は勝った。鬼頭組は死者1人、重軽傷者15人に対し、柳川一派は重傷者2人を出しただけだった。まさに奇跡の勝利と言えるだろう。

多数の人間が白刃を振るって路上で白兵戦を演じるということは、戦後13年もたった昭和33年時点では、考えられない出来事だった。しかも「8対100」の喧嘩が世に喧伝され、柳川次郎の名前は全国に轟きわたった。そして、「失うものは何もない。命だけだ。一緒に死のう！」との８人の誓いの言葉は、抗争を自明のこととして受け入れるヤクザたちの胸を熱くし、それはいつしか伝説となった。

ピグマリオン効果を上手に演出しよう

このヤクザ史上に名高い「鬼頭組との抗争」から、一般人、ビジネスマンが学べることは何か。それは、リーダーが先頭に立って物事をなす、という「率先垂範」の大事さと、死をも恐れぬ一途な頑張り、つまりは「仕事に打ち込む姿勢」だろう。

人間同士のコミュニケーションにおいては、「言葉以外の非言語の要素で、話し手の印象とどういう人間であるかの理解が、**93パーセントも決まってしまう」と言われている。言葉で表現された内容だけでなく、話し手の表情、しぐさ、視線、声の質と強弱、テンポなどの部分が、聞き手により大きな影響を与える**というのだ。リーダーが率先垂範でことに当たる姿は、そのままリーダーは背中を見せているということであり、これは「鬼頭組との抗争」での柳川次郎の姿、態度そのものである。

子は親の背中を見て育つと言う。組織の中でも同様で、上司、部下、同僚といった縦社会、横の連携が同時に存在するビジネス社会でも、部下はそのセクションのトップ、たとえば部長や課長の背中を見ているものだ。そんなとき、部長や課長であるあなたは、困難な交渉事やクレーム処理などで率先して行動しているだろうか。部下が引き起こしたしくじりを、きちんとフォローしてあげているだろうか。あるいは、ややこしいクレームの処理・対応を、部下に丸投げしてはいないか。

部下はそこを見ている。そして、部下とともに問題を解決した時、当の部下だけでなくそのセクションの全員が、あなたを「信頼できる有能な上司」として評価してくれるだろう。

出来が悪い部下でも、士気を奮い立たせ有能なビジネスマンに変身させることは可能だ。そのためには目的意識を持たせ、モチベーションを高めてやる必要がある。そうすることで、その出来の悪い部下が本来有している能力を、最大限引き出すことができる。人は、育ててくれた上司や上役、あるいは同僚をけっして忘れないし、生涯感謝の気持ちを持ち続ける。ゆくゆくはあなたの強力なサポーターとして、予期せぬ時期、予期せぬ場面であなたを助けてくれるだろう。

では、いまいちの部下に、どうしたらやる気を起こさせ、持てる能力を発揮させせられるのか。

ここで柳川次郎のやり方が参考になる。彼はどうしたか。配下全員に一体感を持たせた。鬼頭組への殴り込み時の「失くすものは命だけ。みんなで一緒に死のう」というセリフは、まさに一体感そのものである。

それと同時に、目的意識をしっかりと共有させた。これからヤクザとして生きていくためには、この目の前の難事を乗り越えることが絶対条件となる。乗り越えなければ、めしが食えない。めしが食えないということは、死んだも同然である。どのみち死が隣り合わせにあるのならば、乾坤一擲《けんこんいってき》の殴り込みに賭けてみよう――この思いを柳川一派8人が共有していた。

同時に、誰が欠けても目的は成就しないことを認識させた。つまり、「俺はいなくてはならない人材なんだ。俺がいないとダメなんだ」と心底思い込ませた。実際、100人の人間が待ち受ける敵陣にたった8人で殴り込むのである。誰か1人でも欠けたら目的成就はおぼつかないし、そもそも8人でさえ成功は難しい。このときの8人は、自分が絶対的に必要とされていることを腹の底からわかっていた。

伝説の殴り込みが勝利に終わったのは、以上のような条件が重なったからだろうが、それを作り上げたのは柳川次郎の巧まざる手腕であった。事の善悪は別として、それが、「殺しの軍団」と喧伝されヤクザ世界でも恐れられた柳川組の、躍進の秘訣だった。

アメリカの心理学者ローゼンダールが発表した理論に、「ピグマリオン効果」というものがある。これは、たとえば学校のクラスを2つのグループに分け、Aグループには「君たちは本来とてもよくお勉強ができる、成績のよい人たちのはずだ」と期待をかけて誉めそやし、もう一方のBグループには「君たちにはまったく期待をかけていない。どんなに勉強しても多分、成績は良くならないだろう」とけなし続けたとする。すると、もともと差がなかった両グループの学力や成績に大きな差がついた、という実験結果からもたらされた理論だ。もちろん、Aグループのほうがはるかに良い成績をおさめた。

実は「ピグマリオン効果」とは前者の〝褒め讃え、期待感を伝える〟という行為だけを表す言葉であり、後者の〝期待せず、けなし続ける〟という行為は「ゴーレム効果」といわれる別々のものである。

つまり、人は期待を込めておだて、褒め上げれば伸びる、ということである。柳川次郎は意図しないで、「ゴーレム効果」ではなく「ピグマリオン効果」を選び、それを上手に実行したのだ。

ハングリー精神と必死さが成功のカギ

柳川組を率いた柳川次郎の本名は梁元錫《ヤンウォンソク》。朝鮮・釜山に生まれた。いわゆる在日朝鮮人（在日韓国人）である。昭和5年、7歳のときに、日本で働いていた父親に呼ばれ、母や弟とともに関釜連絡船で下関に着き、親子4人は再会した。

父は大阪府豊中市で行商をやっていた。梁少年は小学校で日本人の子どもと一緒に学んだが、一歳年長だったこともあり級友たちの人望は高かったという。成績もよく、三年生のときには副級長にもなった。

満州事変から支那事変、第二次世界大戦と戦争が拡大していく中で、柳川一家は九州・大分県の中津に移住し、神戸製鋼所の工場で彼も働くことになる。ここでは朝鮮人労働者ということで差別にあい、実害を受けた。

柳川は同胞をかばって日本人工員と喧嘩をし、多勢に無勢でぶちのめされたが、倒されても倒されても立ち向かっていった。この理不尽な差別に、彼は我慢できなかったのだ。彼の不屈の闘志は、工場内だけでなく、中津の町にも知れわたり、工場の荒くれや町の不良たちの間にも名が広がっていった。

そんな中、広島、長崎への2発の原爆投下とともに、日本は戦争に敗れる。一家は朝鮮へ帰国することになり、下関から関釜連絡船に乗り込む前夜、日本最後の夜の思い出のためかひとりで街に遊びに出た柳川は地元の愚連隊と喧嘩となり、留置場にぶち込まれてしまう。これが運命の別れとなって、彼だけ日本に取り残されてしまった。

行く当てもない柳川は豊中に戻り、そして神戸をほっつき歩く。この街で、後に柳川組二代目組長となる谷川康太郎（本名・康東華《カンドンファ》）と知り合う。

当時、ボンノこと菅谷政雄が率いる国際ギャング団が、闇市に流れ込む隠匿物資を略奪するなど暴れ回っていた。柳川・谷川もコルト拳銃を携え、闇市の親玉が取引する場所に現れては、奪った戦利品のメリケン粉や砂糖を町内に配ったりした。そうこうするうちに、柳川の男っ気と力量に惚れ込んだ男たちの集団が形成されてくる。

やがて柳川次郎は大阪駅前に進出する。大阪駅前のダフ屋からのカスリで糊口をしのぎつつ暴れ回っていた柳川に目を付けたのが、西宮の博徒・諏訪組である。誘いを受けた柳川は諏訪組の盃を受ける。昭和30年5月、柳川32歳のことである。

柳川は、当時の金筋博徒があまり手を付けないパチンコ店、麻雀屋、バーなど飲食店からのカスリに始まり、売春、手配師、競馬・競輪のノミ行為、白タク、債権取り立て、用心棒等の〝事業〟を開拓し、諏訪組の先兵として大いに働いた。そのがむしゃらぶりは一種の狂気を秘めており、その狂気は文字どおり〝凶器〟そのものであった。だが、その金筋博徒らしからぬ振る舞いは、さすがに諏訪組の名を汚す。結局、ちょっとした恐喝容疑で柳川がパクられたのを機に「行き過ぎた行為多々あり」として縁を切られる。その柳川を受け入れたのが、大阪・西成の梅野国生・梅野組組長だったわけである。

伝説の「8人対100人」の大喧嘩に勝利した柳川次郎は、逮捕された後は大阪拘置所で9か月を過ごし、保釈されてまた娑婆に戻った。出所した際は、すでに社会復帰して柳川グループの指揮を執っていた谷川康太郎以下、なんと200人もの若者が大阪拘置所前に列をなして出迎えた。柳川グループの鮮やかな勝利に胸躍らせた若者が、門前市をなす形で押しかけ、柳川グループの数が急速に増えたからだった。戦いに敗れた鬼頭組は組員が四散し、抗争後わずか二週間で組は崩壊したという。

大所帯となった柳川グループは、大阪・堂山町のビルの一角に「柳川組」と「柳川興行社」の看板を掲げた。

柳川次郎は、立場の弱い者をかばう気持ちが強かったようだ。彼を慕う人間が多いのは当然で、そうした中でリーダーに祭り上げられ、彼自身も仲間たちをどうにかしなければという意識も働く。そうして柳川一派が形成されていったのだから結束が固い。

柳川組は、ゼニになることなら何でも手を出した。看板の芸能・プロレス興行などのほか、「大阪報知新聞」という新聞さえ発行した。もちろん「報知新聞」とはなんの関係もない。抗議を受けたものちゃんと登録されており、「報知新聞」も引き下がるしかなかった。「柳川建設」も設立し、土木・建設業に進出した。金融業、手形割引も当然やる。もとより非合法の各種シノギはお手の物である。クラブ、キャバレー、バーなどの用心棒の利権は、それまでケツ持ちをしていた組を追い出してその利権を奪った。その他、大型パチンコ店の用心棒兼景品買い、風俗店の貸し植木、絵画、おしぼり、おつまみ類の販売やリースなど手当たり次第利権にしていく。何しろ「殺しの軍団」のお通りなのだ。やりたい放題の柳川組を、他団体は蛇蝎のごとく忌み嫌いつつも、歯ぎしりして見守るだけだった。

キタの盛り場で「梅田振興互助会」なる商店の親睦会を発足させたのもこの頃だ。千円（当時）の月会費で法律相談、刑事・民事の紛争処理、資金や経理の相談、店舗の開閉店、経営相談まで、なんでもござれの「しのぎのデパート」ぶりを発揮したのである。何しろ、銀行やデパート、ホテル、質屋、靴屋、寿司屋、蕎麦屋、書店といった広範な一般店舗までを会員に抱える始末で、現在では想像すらできない「ショーバイ」ぶりだった。会員は400商店・企業にも上ったという。

これと前後した昭和34年6月、柳川次郎は山口組の地道行雄若頭の舎弟盃を受け、山口組の一員となった。昇竜の勢いの柳川組と、本格的な大阪進出を狙っていた山口組との思惑が一致した結果だと言われた。〝そこ退けドンドン〟で勢力を拡大してきた柳川組は当時、周囲は敵だらけの状態だった。すでに日本でも有数の大組織であった山口組をバックに持つメリットは大きく、柳川はそこに賭けた。

地道行雄との舎弟盃には、いずれ田岡三代目の直参若中にするという含みがあり、これは山口組側との〝かけあい（交渉）〟で柳川が勝ち取った約束だった。

上昇志向の強い柳川のこういう姿勢は、ビジネスの世界でも十分通用するものだろう。後に柳川組二代目となる谷川康太郎の口癖は、「ケンカは勝たなあかん。負けたらメシの食い上げやで」というものだった。彼はまた、「ヤクザとは哀愁の結合体だ」という味のある言葉も残している。

全国制覇の尖兵としての怒濤の進撃と組解散まで

昭和35年8月、山口組は大阪・ミナミをわがもの顔で跋扈する愚連隊・明友会との間で抗争に突入する。明友会抗争についてては種々の刊行物や漫画に詳しいのでここでは触れないが、山口組入りしていた柳川組は凄まじい戦いぶりを見せつけ、田岡組長はじめ山口組首脳の期待に応えた。この抗争で検挙された山口組系組員84人のうち、なんと24人が柳川組組員だったのである。「明友会抗争」での目覚ましい働きもあってか、昭和35年12月13日、山口組「事始め」の席で、柳川次郎は田岡三代目から盃を下され山口組直参若中となった。

その後、山口組執行部は、柳川組の戦闘力と噴出するエネルギーのはけ口を地方進出に向けさせる。これは田岡三代目の許可を得てのことだったと言われている。

柳川は山口組直参若中になったのを機に、谷川康太郎を若頭に据えた。柳川以上に喧嘩っ早い谷川は、こういう力による地方進出を担うには格好の人材と言えた。手始めに谷川は奈良で力道山のプロレス興行をやった。一万人以上の観客が押し寄せる大盛況で、谷川康太郎の名も奈良県下に知れわたった。昭和36年5月末のことである

それより先の5月16日、柳川は友人の奨めで、右翼団体「大義同志会」を結成した。全国行動委員長には谷川を就任させた。谷川はプロレス興行の際に、地元の有力者に大量の招待券をばらまいた。次いで県下のヤクザ組織に、かたっぱしから「貴下を大義同志会〇〇支部長に命ず」という辞令を発行し、会への参加を求めた。「大義同志会」はイコール柳川組であり、いわば柳川組の傘下に入れということだ。

まことに人を喰った話であるが、弱小組織の組長は柳川組の凶暴性におののき、大部分がこれを承認し会費（上納金）の納入を約束した。しかし当然反発するところもある。大和郡山市を縄張りとする独立組織の服部組組長喜多久一は大いに怒り、これを送り返した。

大和郡山市には競輪場があり、そこからのシノギは服部組の重要な資金源だった。6月7日、郡山市内の寿司屋で服部組組員と競輪選手が飲んでいるところに柳川組組員が入ってきて喧嘩となり、柳川組組員が火傷を負うという事件が起きた。柳川組にとっては、服部組潰しの絶好の口実ができたわけである。

柳川組は服部組との間でオトシマエの交渉に入った。その最中、柳川組組員4人が服部組に向かっ

たのを殴り込みと勘違いした服部組組員が猟銃を乱射、2人に重傷を負わせた。服部組は柳川組の本格殴り込みは必至とみてこれに備えた。ところが緊張状態が三週間も続いても何も起きない。気を抜いた喜多組長はボディーガードひとりを連れて近くの銭湯に出かけた。久しぶりの銭湯でさっぱりして出てきたところを、柳川組の刺客が襲い、結局喜多組長は絶命する。こうして奈良県下は柳川組が制圧するところとなり、以後、続々と同じ山口組系列の他の組織も奈良に進出した。

その後、京都進出を図ったが、これは京都の老舗組織である会津小鉄の系譜をひく中島会の政治力で頓挫する。しかし柳川組の進撃は止まらず、これ以降も全国各地で地元組織との戦闘が続いた。

柳川組の指揮を任されている谷川は北陸進出を画策し、多くの戦闘を繰り返しながら福井、金沢、七尾に支部を設けることに成功、引き続き富山でも中新川、氷見、砺波などに支部を作り、わずか8ヶ月で富山全域にその勢力を伸ばしたのである。

柳川組の進撃はなおも続く。滋賀県の彦根に西原組を設けると、さらに岐阜県大垣市に進出させた。昭和38年3月14日、ここで「大垣事件」と称される抗争事件が起きる。西原組組員10人と本多会系川合組組員17人との間で乱闘となり、双方で死者1人、重軽傷者多数の被害を出したのである。

東西の接点とされる岐阜は、ヤクザ世界においてもいわば「関ケ原」である。ここが正念場と捉えた山口組は、地道若頭みずからが出張ってきた。柳川組は抗争主体を地道に譲り、その結果、地道はこの地をテリトリーとした。地道を立てて抗争の果実を与えた進退の妙は、谷川が単なる猪突猛進の男ではなく、かけひき上手な指揮者であることを証明している。柳川組は北海道にも進出し、珍しく血を流さずに岩見沢、岩内、苫小牧、夕張、釧路に勢力を広げた。

しかし、柳川には諸般の事情で組長を退く時期が訪れていた。向かうところ敵なしの柳川組の勢力は、柳川が引退し二代目に谷川康太郎が就く昭和39年頃には、全国1道2府12県に73団体、1700人近くの大組織に膨張していたのである。

日本警察は全国の広域暴力団に対し頂上作戦を仕掛け、弾圧を繰り広げた。柳川組は上部団体の山口組とともに、もっとも強烈な弾圧を受けた。そういうことも背景となったか柳川は組の解散を決意する。柳川はその後、解散に抵抗する谷川を説得し、ついに柳川組解散に踏み切るのである。昭和44年4月9日のことであった。柳川と谷川が収監中での解散決定だった。しかし、そのことが田岡組長の怒りを買いふたりは絶縁されるに至る。柳川組の最盛期には、約2000人もの構成員を擁していたとされる。これらの組員のほとんどは、あらたに山口組直参若中に登用された柳川組の4人の最高幹部が率いる組織のいずれかに参入した。

柳川組はケンカに一度は負けてもけっして引き下がらず、相手が隙を見せるのを待って勝つまで戦った。「柳川組に手打ちなし」と言われたのは、そういうスッポンのように執拗な、勝つまではけっして音を上げない体質ゆえである。他団体の縄張りに進出する際は、「通れるだけの細い道を開けてください。否というなら大きな岩を動かしますよ」という有名なセリフでもって進出を果たした。また、トラブル要員を送り込み、問題が起こると一気呵成に戦いを仕掛け、確実に勝利してその地域を支配下に置いた。何しろ、勝つまで手打ちをしないのだから、結果的に必ず勝つのだ。それまでの老舗組織には打つ手はなかった。

「継続は力なり」という言葉がある。続けることが大事なのだ。**ビジネスでもひとつのことに手を出したら、執念深く続けることで成果が出る。**「成功するまであきらめない」ということだ。何しろ成功するまでやり続けるわけだから、その仕事は必ず「成功」という結果で終わる。必勝パターンである。柳川組の「勝つまでは手打ちしない」という姿勢は、一般のビジネス社会でも見習う価値がある。

稀代の風雲児・柳川次郎がこの世を去ったのは、平成3年12月12日のことだった。引退後の柳川は「亜細亜民族同盟」を結成し、日韓親善に尽力していた。引退後は穏やかな日々を送っていたようだ。

あれだけ修羅場をくぐり、〝殺しの柳川〟と畏怖された男にしては、あっけないほど平和な最期だった。兄弟分だった四代目会津小鉄会長の高山登久太郎の仕切りで、盛大な葬儀が営まれたという。もって瞑すべしであろう。

恋愛編

イメージと実像の落差――男の意外性が女を惹きつける

水商売の女に人気があった柳川次郎

柳川次郎の女性関係はあまり伝わっていない。彼は家族（父母など）とは若いときに別れ、ひとりで体を張って生きてきた。戦後の愚連隊のボス時代に家庭を持ち、娘もいるが、いつも修羅の道の真っただ中にいるようなものだから、家でぬくもっている暇もなかった。

一時期、大阪で堅気になろうと模索したときもあったようだが、彼を慕って九州から若い衆が集まってきたりすると、妻の春美と義母が必死になって彼らをもてなした。見栄を張るわけではないが、メシくらいは食わせなければならない。それでやっぱり愚連隊に戻り、駅にたむろしていたダフ屋からショバ代を取ることを始め、徐々に暴力の世界で顔を売るようになる。拘置所や刑務所を出たり入ったりするわけだから、家に落ち着いていることもない。それだけに、柳川は家族を守り、いい暮らしをさせてやりたいという思いは、ことのほか強かったはずだ。弱い者に味方するという柳川の優しさは、そんなところから生まれたのではなかろうか。

柳川を慕う若い衆は、柳川の醸し出す雰囲気と気風《きっぷ》に惚れた。それを象徴するエピソードがある。後に柳川組に参画するある男の話である。ここではＡ氏としておこう。

Ａ氏はたまたま、拘置所の運動場で洋モクをくゆらしていた柳川を目撃したことがあった。そのとき、何故かＡ氏の体に電流が走ったという。一目見ただけで体中が痺れたのは初めての体験だった。それは鬼頭組との闘いの後のことで、その壮絶な話を知っていたことが影響したのかもしれない。いずれにしてもＡ氏は「ワシの体を預けるのはこの人しかいない」とまで思ったそうだ。圧倒的な迫力と威圧感を感じたという。

男が惚れる「男の気っぷ（気風）」は、そのまま女も惚れるもの。とくにホステスや芸者など表面の華やかさとは裏はらに、何かと気苦労が多く、ある意味社会の底辺で苦労する水商売の女性たちに柳川ファンが多数いた、というのもうなずける話だ。

鳴り響いた「殺しの柳川」のおどろおどろしさを危ぶみ、最初はおっかなびっくりで席に着いたホステスらは、柳川の紳士的な振る舞いにあっという間に魅了されてしまった。彼の中に弱者に対する優しさが横たわっていることを、ホステスたちは本能的に感じ取ったからだろう。

この「先入観と実態は全然違う」というイメージ、つまり**「落差の意外性」は、人を意識する（好きになる）際の起爆剤として、心理学でも確立された「人間心理」なのだ。**狙った女を落とすテクニックとしてかなりな効果を発揮する。男もそうだが、とくに女は意外性に弱い。女にも当然、男との出会いの際に「好もしい男」と感じる〝ひとめ惚れ〟的な現象はあるが、不幸にしてそんな気を起こされなかった男でもメゲルことはない。なんとかまた会う機会を作り、再度会えた時に勝負をかけよう。その際に心がけることは、イメージの刷新である。人間のイメージは、外観的には身にまとう装いから形作られる。

たとえば最初に会ったとき、あなたが仮にジーンズ姿であったとしたら、二度目に会うときはバリッとしたスーツ姿で現れよう。多少気取って紳士的な帽子を被ってもいい。その意外性に女は噴き出すかもしれないが、けっして嫌な思いはしないだろう。逆に「面白そうな人」と俄然興味を持つかもしれない。興味を持たせることに成功したら、「この女を落とす」というあなたの目的は半ば達成されたも同然だ。その後、よほどヘマをしない限り、あなたとその女との仲は深まっていくはずだ。

狙う女の好みやさまざまな価値観がどんなものであるのか、そのリサーチも怠ってはいけない。会話の中でさりげなく聞き出し、吟味し、女の気持ちが高揚するような話に導き展開していく。引き出しの多さと奥行きの深さをあなたの中に見た女は、「この男と付き合ってみたい」と思うはずだ。もうそうなったら、その女を落としたも同然だ。容姿面で女にかける褒め言葉は、「美人だね、綺麗だね」ではなく「可愛いね」であることをお忘れなく。

柳川次郎に見られる「先入観と実像の落差」と、そこから来る「意外性の面白さ」を学び取り、あなたもぜひ実践に役立ててほしい。

「3分間で決断せよ」その即決が彼女を惹きつける

ビジネス編で取り上げたように、まだ愚連隊だった頃の柳川組は、飛田新地に「利権」を求めて既成勢力「鬼頭組」に殴り込んだ。

鬼頭組組長の鬼頭清は気性が荒く、客を強引に勧誘しては、殴る蹴るで持っている金をすべて喰らい尽くす、今で言う「ぼったくり」で大衆を恐怖のどん底にたたき落としていた。しかも、その暴力ポン引きを現行犯逮捕した警察が、鬼頭組の戦闘部隊にレンガで頭を割られて犯人を奪還される始末だ。

このときに「敵の数なんぞ関係ない。なんも持たんわしらは持っとるもんから奪いとるしかないやろ！　どうせ死ぬなら、飢え死によりも討ち死にだ」と柳川組は団結した。

殴り込みのいきさつはビジネス編で説明したとおりだが、殴り込みに至る柳川の一連の決断は、すべて「3分間」以内だったとされる。テレビでお馴染みのメンタリストのＤａｉｇｏも「大切なことは3分以内のほうが伝えやすい」としている。

さらに「メラビアンの法則」というものをご存知だろうか？　メラビアンの法則とは、〈感情や態度について矛盾したメッセージが発せられたときの人の受け止め方について、メッセージを発する人の伝達手法の違いが受け取る側にどのように影響を及ぼすか〉についての法則である。それによると話の内容などの「言語情報」が7％、口調や話の早さなどの「聴覚情報」が38％、見た目などの「視覚情報」が55％の割合である、というものだった。

つまり内容よりも、**メッセージを発する人の姿かたちや視線の勢いで、人は説得されてしまうというわけだ**。人は〝視覚〟から最も多くの情報を取得し、話の内容などからはわずか7％しか情報を取得しないということである。したがって、スピーチの内容もさることながら、〝どうやって話すか〟ということがとても重要だということがわかる。

彼女とデートすることになったとしよう。今日、どうしてもベッドインしたい。しかし焦ってはいけない。

「君と出会ったときから忘れられないんだ。女は一生、あんただけでいい。そもそもあなたの○○が好きだ」としっかりと3分で伝えきる。これが〝覚悟をもって口説く〟柳川流のアプローチだ。

しかも心理学では、「大事なことは3分以内に起こる」というのが常識。かつて棋士の頭脳を調査した大学教授も「集中力のピークは3分間以内」と結論を出している。将棋のプロのような長考に慣れた人でも、3分もたつと「思考の無駄」が増えてくる。

あなたがデートで行きたいレストランが予約で満杯だったとしよう。あなたは焦る。そこで求められるのは3分以内の決断だ。

「よし、六本木の○○に行こう」とすぐ予約を入れる。この行為が「すばやい男ね。判断力と決断力があるわ」と彼女が惚れる原動力になってくる。

成功者は例外なく決断が早い。ナポレオンも戦いを優位にするアイデアを出した部下をすぐ上位に上げた。戦場で人事が動くので、兵隊たちはすぐに意見を進言した。その決断の早さが、ナポレオンを英雄たらしめたのである。

だらだら話をする男は嫌われる。「一気に3分だけ話して相手に考えさせたほうがいいです。オバマのスピーチだって、一番受けがいいのは3分きっかりのものだったと、選挙のアナリストが言っていました」とは在米通信記者の話である。3分の勝負を頭に叩き込んでおこう。

好意を告げるときは食事中にすべし

若き日の柳川次郎が、別府の実力者である石井一郎（初代石井組組長）と盃を交わしたのは、極道の世界ではかなりのインパクトがある出来事だった。

昭和27年、そもそも中津でブイブイ言わせていた吉富組の組長、吉富政男のところに出入りしていた若い頃の柳川次郎は、バー街でケンカの仲裁や用心棒を引き受けていた。吉富に気に入られた柳川は舎弟となり、北九州一円の「高市（たかまち）」（祭礼などで出店する場所。あるいはその利権。庭場とも言う）を闊歩するようになり、稼業の男たちと知り合った。

昭和28年2月、大分県豊前市で、柳川が大きく男を上げる事件が発生する。吉富組は、豊前の諏訪組（関西の諏訪組とは別組織）と揉め事を起こしていた。テキ屋の縄張り争いから派生したケンカで、吉富組は金本という組員を殺されていた。吉富組としては一気に諏訪組に攻め込みたい。しかし、諏訪組には〝ジャギの石井一郎〟と呼ばれる愚連隊あがりの恐ろしい男が付いており、二の足を踏んでいた。あだ名のジャギは、顔の傷跡の「ジャギジャギ」からきているというツワ者だ。一度怒ると手が付けられず、命知らずの暴れん坊であった。殺された金本は、この石井とは兄弟分だった。

柳川はたったひとりで石井のいる築城《ついき》に乗り込む。そしてこう説得するのだ。

「考えてもみい。あんたと殺された金本は兄弟分じゃろう。石井一郎ともあろうもんが兄弟分の位牌に線香もあげずに向こう側に付いたとなれば、後世であんたは何を言われるかわからん。焼香した上で敵味方で戦うなら、石井一郎はやはり義理も守り、我が意も通したと万人も認めるはずや」と言って石井を説得、中津まで焼香のために連れてくるのだ。

すっかり柳川の勢いにのまれた石井は、敵だらけの吉富組組員が見守る中で、殺されたかつての兄弟分の金本のために手を合わせた。

そこで石井は驚くべきことを言い出す。

「俺は向こう側に付くのをやめた。わしと兄弟盃をしてくれ」と柳川に頼んだのである。

この話の前に柳川と石井は、中津の高級なカニ料理店に行って大いに語り合っていた。すでに盃の伏線は打たれていたのだ。

心理学的には、**食べながら話をしたほうが、相手の話を聞きやすいという効果がある**。第2章の宅見勝の項目でも紹介したが、こんな実験がある。ピーナツを食べたり、コーラを飲んだりしながら論文を読む場合と、何も口にせずに読む場合とでは、その文章の感じ方にどういう違いが生じるかを調べたものだ。

左から柳川次郎、佐野一郎・亜細亜民族同盟二代目会長、高山登久太郎・会津小鉄四代目会長

読ませたのは、「ガンの治療が発見されるには、まだあと25年以上かかる」というもの、そして「月への一般人の往復旅行は、10年以内に実現する」というふたつの論文だった。興味がないと実に退屈きわまりない内容だろう。

結果はどうだったか。ピーナッツを食べたりコーラを飲んだりしながら論文を読んだ人は、何も口にしなかった人に比べて、その論文についてあれこれ論評するケースが圧倒的に多かったのである。

このことから、人は何かを食べているときには説得されやすいことがわかる。柳川の場合は、敵対している石井にまず筋論を説き、さらに食事で説得効果を高めて味方に引き込んだということだろう。

柳川は、一度極道がいやになって堅気になろうとして身を固める。だが、慕ってきた男たちの面倒を見るため、止める女房を振り切って再び極道の道に戻っていった。深く女房を愛していたにもかかわらず。それは、「柳川組に手打ちなし」と言われた強者の集団「殺しの柳川組」を率いた男にとって、果たしてよかったのかどうか。歴史の結論はいまだ出ていないのかもしれない。

それはともかく、あなたに片想いの彼女がいたとしよう。だが一度でいいからデートしたい。ならば思いきって食事に誘い、「君と付き合いたい」と素直に告げてみたらどうだろうか。たとえばその女性が同じ職場だったら、あなたが困難な仕事を成し終えたときなどに、「強い男」として説得力をもって誘ってみよう。そこには「殺しの柳川次郎」ではなく『殺し文句の柳川次郎』に化したあなたが、見事に想いを遂げる素敵な世界が待っているはずだ。

第7章

荒ぶる獅子の人心操縦術

四代目山口組組長

竹中正久

ビジネス編

組織分裂、そのとき竹中はどうしたか？

いざというときの迫力がビジネスを成就させる

山口組四代目組長を任された竹中正久は、昭和59年6月5日の定例会で田岡文子未亡人の指名を受けたのみならず、〝カリスマ〟だった田岡三代目の後釜ということで内外の注目を集めた。

竹中が残した映像は少ない。警察官相手に寝まき姿で「なんじゃい、わりゃー、ぶち殺したろうか！」と叫んでいるものと、神戸護国神社での組旗入魂式の際にボディチェックしようとした機動隊に対して「お前らなんやねん！　汚いことをしくさって！　ただじゃおかんぞ」と怒鳴っている映像程度しか残っていない。もっとも、実話系週刊誌などには、それ以外の場面の写真が掲載されたりはしている。

いずれにしても、このふたつの映像でもって、竹中正久四代目組長は「粗暴にして凶悪」というイメージで語られがちだ。だが、「撮影されるのが極端に嫌い」だという竹中が残した映像や写真が、「撮影されたくない」という前提で記録されたものゆえに、おそらくは機嫌はよくない状況で撮影されていたのだろう。竹中を「粗暴」という一言でかたづけるのは、あまりにも早計である。

竹中は読書家で戦略家だった。それでいて部下を締めるべきところは徹底して締める稀有の賢い極道だった。

その竹中は、いざという勝負のときには、意識して「低い声」で相手に伝えていたそうだ。

竹中正久・四代目山口組組長

昭和56年7月、「不世出の大親分」と言われた田岡三代目が死去してから、三代目暫定体制では、山広組・山本広組長が「組長代行」に、竹中組・竹中正久組長が「若頭」に、それぞれ就任した。だが、それ以後、両者の擁立派による四代目争いが激化する。当初は山広代行派が優勢だったが、竹中若頭（当時）派の巻き返し攻勢で次第に形勢が逆転し、やがて昭和59年6月5日の定例会で前出のごとく田岡三代目未亡人の指名で四代目になった。

そのいっぽうで、この定例会をボイコットした山広代行らの直系組長が山口組から離脱し、新たに山広代行を会長とする新組織・一和会を結成する。そして山口組は骨肉相食む「山一抗争」へと突入していく。

しかし、実際に袂を分かつといっても、別れた一和会の者とシノギとして共同で経営している事業があったりして、「一和会とどう付き合えばいいのか」という問いが本家の執行部に殺到してくるようになった。

このときはどういう流れがあったのか。ここで歴史をひもといてみよう。

田岡一雄三代目の四回忌法要から2週間後の8月5日、分裂後初めて、山口組と一和会との間で殺害事件が起こった。和歌山県串本市内で、山口組系松山組傘下組織の組長が、一和会系坂井組串本支部の幹部を刺殺するという事件が発生したのである。

松山組の松山政雄組長は、引退した小田秀臣組長率いる小田秀組最高幹部だったが、一和会に行くのを拒否して山口組に帰参し、直参となっていた。一方の坂井組・坂井奈良芳組長は、一和会特別相談役に就任していた。

原因は博打の借金をめぐるトラブルだったとされる。当局の厳しい取り締まりと、山口組、一和会の双方がまだ態勢を整えていなかったこともあって、抗争にエスカレートすることはなかった。とは言え､後の「山一抗争」につながる「骨肉の争い」を予感させるには十分な事件であった。これをきっかけに、山口組内では、一和会に対する強硬論が再び強まっていく。

重要な案件は「低い声」で伝えよ

山口組執行部は協議を重ねた結果、一通の回状を全国友誼団体に送付することを決める。日付は昭和59年8月23日付で、毛筆でしたためられたその書状は、一和会を名指しこそしていないが、その内容は誰が見ても、一和会に対する「義絶状」であった。文面は時候の挨拶で始まり、分裂騒動に関して、次のように続く。

〈当組内部の無様なる事態を露呈致しましたる事は誠に汗顔の至りにて、一部不心得者故に何彼と御心配を御懸け致す丈《ばか》りか、心ならずも少なからぬ御迷惑を及ぼしましたる事は誠に申訳なく恐縮至極に存ずる次第で御座居ます〉

そして、一和会に対する批判が激しい口調で続けられる。

〈素より今更拘泥致すのは大人気ない事は重々承知致す処でありますが、先代親分亡き後の最も責任ある立場に在る身が、又それを補佐する身であり乍ら、我意を主張するの余りに、私党を募り責務を放棄して跡目を決定する重大極まる、去る本年六月五日の定例組長会議を忌避し、其の会議に於ける決定を無視するのみならず、自らの代紋を否定し、剰え心なきマスコミを操り、身勝手な事柄を如何にも尤もらしく並べ立て、恥知らずに手段を選ばず、極道にあるまじき卑劣な手段を晒して徒に世間を騒がせる丈りか、此れ以上各位に御迷惑を御懸け致すを看過するに堪えず、此の際恥を忍び敢えて当組の存念を明確に致し、各位の御考察に供し度く存じ、本書を呈上致す次第で御座居ます。

当山口組に於きましては　従来より御厚誼を賜り居ります各位には依り緊密なる関係の助長に努めて友好関係の継続を願う事は申す迄もありませんが　其の他如何なる間柄であるとも速やかに過去の関係を改善して友好親睦を図り共存友好の促進の為ならば　最善の努力を惜しまぬ所存で御座居ます〉

こう激しく罵倒し、かつ心情を述べた上で、

〈斯道の本質を失いたる不逞不遜の行為は断じて容認為し難く、当山口組は永久に一切の関係を断絶するものであります。大方諸賢各位に於かれましては　何卒此の間の情状を御賢察賜り　侠道正義に照らして御処置賜らん事を御懇請申し上げる次第で御座居ます〉

と、一和会との〝義絶〟を宣言し、友誼団体に対しても、関係断絶に協力を要請するものであった。

渡辺芳則・山健組組長、竹中正久四代目、石川尚・名神会会長、南力・南組組長ら（当時）

前に記したように、山口組に対し、複数の友誼団体から「一和会とはどのように付き合ったらいいのか」という問い合わせが多数あった。ヤクザの世界では絶縁、破門という処分があるが、一和会に参画した直参たちは、田岡三代目から盃を受けているのであり、その田岡三代目が亡くなったことで盃の縁は切れており、四代目山口組として絶縁状を出すわけにはいかない。

しかし、このまま放っておくわけにもいかず、何らかのけじめをつける必要がある。それがこの義絶状だったのだが、取りようによっては喧嘩状に等しいものでもあった。

文案は執行部が作成し、竹中四代目に決済を仰いだのだが、竹中は文案に眉間にしわを寄せて目を通すと、「これを出すということが、どういうことを意味するのかわかっとってのことやろな」と、このとき、いつもよりは2オクターブほど低い声を出して執行部を鋭い視線で睨み付けたといわれる。

これに対し、中山勝正若頭が代表して、「よう分かっとります」と、決意をにじませて答えている。このときに「腹をくくっているのか」との問い詰めと同時に、低い声で一和会と「構える覚悟」を固めさせたともいえよう。

竹中は、必ずしも「義絶状を出す」という行為には賛成していなかったようだ。だが、執行部が協議しての進言ということで、これを受け入れた。

一和会にとっては当然、この書状は見過ごすことのできないものだった。このままでは、結成したばかりの一和会は、業界の孤児にもなりかねない。一通の書状が一和会を刺激し、また追い詰めたのである。実際、後に触れることになるが、竹中四代目暗殺部隊が編成されたのは、この書状が出された時期から間もなくのことだった。

さらに直後の8月27日には、NHKが「山口組・知られざる組織の内幕」という特集番組を放映した。番組では四代目継承式の模様などが映し出され、竹中四代目の、「先代の名を辱めないようにやる」というコメントが紹介され、田岡文子夫人も竹中四代目を「きっちりとけじめをつける男」と評価している。

この、義絶状を前に低い声で支配下の幹部たちに「決戦の覚悟を固めさせる」のは、ビジネスでの交渉術などに役にたちそうな「王道」だといえるだろう。動物でも、トラが相手を威嚇して戦意を喪失させる咆哮は、一段と低い声だそうだ。勝負のとき、低い声での決着をつける。これを覚えておきたい。

「沈黙」で恐怖を植え付けろ

竹中正久は昭和35年8月、26歳のとき、実弟の正《まさし》、武《たけし》らを従え、地元の不良を結集して「竹中組」を結成した。姫路では地元のヤクザ組織に劣らぬ武闘派ぶりを見せつけて「姫路の武闘派、過激行動派の竹中組」の名は斯界を駆けめぐった。少年刑務所で知り合っていた山口組直系の宇野組・宇野加次郎の長男との縁で、昭和36年12月、竹中正久は田岡三代目組長と親子盃を交わして山口組直参に加わる。竹中正久28歳のときである。

さて、竹中は昭和37年の「博多事件」で活躍し、昭和46年には山本健一若頭に推挙されて若頭補佐となった。そして昭和55年に木下会と揉めた「姫路事件」では、竹中組の襲撃チームが木下会長を射殺し、その過激な武闘派ぶりは後の「竹中若頭」就任へとつながっていくのだ。

田岡三代目が逝去した半年後の昭和57年2月4日、山本健一若頭は、後を追うようにして病気でこの世を去った。この知らせを、竹中は服役中に聞いた。竹中の若頭就任は、この年の6月15日の臨時最高幹部会で発表されることが決まっていた。反論があることを耳にした竹中は、「(若頭に) なりたくてなるんやない。姐さんに頼まれたから引き受けただけや。反論があるんなら若頭にはならんし、幹部会にも出えへん」と、怒りを爆発させた。

臨時最高幹部会が明日という日、山本広から竹中に電話がかかってきた。

「出えへんてなことを言わんと、若頭につくという発表は明日に決まっておるのや。姐さんが心配しておるさかい、ぜひ幹部会には出たってや」

これに対して竹中は、

「若い者頭(若頭) みたいなもの、わしはいらんというた。にもかかわらず、なってくれと頼まれたさかい、それならと引き受けたわけや。それを反対までされて、誰がなるかい」と反論した。

いっぽうで田岡文子は、竹中の若頭就任に反対の声があるとは聞いていなかったので、あわてて竹中を説得しようと試みた。説得のために竹中のもとを訪れるという田岡文子の意を知らされた竹中は、「姐さんに来てもらうわけにはいかん」と、盟友の細田利明 (山口組若頭補佐、細田組組長) と一緒に田岡邸に赴く。

文子が、これから臨時最高幹部会が開かれるという当日の深夜午前3時ごろまでかけて説得したが、竹中は何を言われても黙りこんでいたようだ。この「沈黙」は、後々ボディブローのように説得力を持つことになる。

後に、弟の竹中武が「若頭など、兄貴は断ると思っていた」と証言しているが、竹中は、「何代目の若頭というわけではなく、ともかく山口組の若頭就任ということで引き受けてもらえんやろか」と文子姐に泣きつかれて、とうとう就任を決意するに至った。

このとき竹中が沈黙することで、文子姐があわてて泣きついたのは、ヤクザ史上のエポックメイキングとなったと言えるだろう。「姐さんに泣きつかれてまで就任を要請された」という事実は、「竹中正久が田岡三代目の意思を継ぐものである」と組の内外に大きく喧伝されることにつながったからだ。

アメリカの心理学者のマタラゾが、１９６４年に行った実験を紹介しよう。

面接会場に訪れた男性を対象に、45分の面接の中で「いっぽうでは面接官が盛んにうなずき、もういっぽうではうなずく回数を少なくする」とした場合、うなずく条件のグループでは被験者たちの発言が増え、うまく話ができたのに対して、うなずかない条件のグループはうまく話ができないという結果となったというのだ。

「うなずかない」と話がうまくできないということは、うまく利用すると「相手を拒否したい」「相手に恐怖心を与えて、強い人間だと思わせる」方向へと誘導できるテクニックということになるだろう。

竹中は、黙りこくることで、交渉している田岡文子から畏敬の念を引き出したと言えよう。

この竹中若頭就任騒動は、跡目争いが表面化した最初の動きであった。しかも、本人の意思とは関係のないところで、さまざまな人間の思惑が絡み合って表面化したものだった。また、この経緯からしても、竹中はみずからが四代目になろうとしていたわけでないことを明確にしたとも言えた。

従来、「山口組のトップは、なりたくてなるもんやない。推されてなるもんや」という不文律が、組内にあるとされてきた。これは田岡三代目が「山口組兄弟会」の全会一致で三代目に就任した前例から、組内に醸し出されていた〝空気〟だった。

時の若頭、山健の訃報を拘置所内で知った竹中組長は、側近の組員に宛てた手紙でも「俺は四代目になる気はない。俺のような田舎者が、四代目にという名前が出るだけで満足だ」と書き記している。少なくとも竹中自身は、権力欲から四代目をめぐる暗闘の中に身を置いたわけではないようだ。

文子夫人は最初、竹中が若頭を断る理由を知らなかった。だが、その理由を知ると、竹中と直接会って説得し、再び若頭就任を承諾させた。このとき、文子夫人の命を受けて竹中に電話をし、断る理由を聞き出したのが山広だった。この前後での竹中の「沈黙」こそが、後の山口組の歴史を開拓したわけである。

そのいっぽうで、山広はみずからが「四代目になりたい」とあちこちに喧伝してきたし、一時は幹部会で立候補宣言さえしている。男の重さで言えば「沈黙した」竹中のほうが上だったと言えよう。

このように、大事な場面での沈黙は、大きな価値を生む。ビジネス上の交渉術でも、おそらくこうした「切所での沈黙」が、大きな成果をもたらすこともあるのではないか。

この竹中の沈黙が結果的に、竹中四代目誕生の布石となったのは、歴史のいたずらかもしれない。

相手の申し出はちょいちょい断る──「反同調理論」の効果

繰り返すが、竹中正久四代目組長は質素で読書家だった。きらびやかな車に乗ったり、ゴルフなどもするタイプではなかった。

竹中組組長時代、「組長、ゴルフくらいやりはったらいかがでしょうか」と側近に薦められたものの、「極道がゴルフなんぞに行きおって、おかしいやないか」と即座にはねつけたという。また高級な酒を飲むようにと、付き合いのある親分に言われても、「そんな高い酒はようけ似合わんわ」と断っていたとか。

こうした反同調理論で相手の要求をちょいちょい撥ねつけておけば、いざとなったときの「今回は、お前の言うことを聞いたるわ」との応えが生きてくる。相手のほうから譲歩してくることにもなり、いい取り引きができるというものだ。これは、部下の申し出も一回は撥ねつけておいて、後で聞いてやれば、ますます信用を集めるという心理学的な側面から来る効果も期待できる。

後に竹中は、山口組四代目になったことも影響したのだろう、時間がたつにつれて側近の意見を取り入れ、ゴルフにも高級酒にも通じていった。

竹中は、こうしてちょいちょい、**相手の要求を撥ねつける「反同調行動」で相手との距離をとっておいて、いざとなると懐に入れて離さない**という、人心掌握術に長けていた。

こういうエピソードがある。竹中が山口組当代（四代目）となり、新たに何人もの直系組長を誕生させたときのことだ。その中のひとりが挨拶に訪れ、「親分、このたびは私を直の子分にしていただきまして、誠にありがとうございました」と、いくつもの札束が詰まった袋を差し出した。これを見たとたん、竹中は「これはなんの真似や。お前からこんなものを差し出されるいわれはないで」と、頭ごなしに叱りつけるではなく、やんわり諭して持ち帰らせた。恐縮したその新直参組長は、「親分、えらいすんません。ほな、今日のところは持ち帰らせてもらいます。明日、改めてご挨拶に参上させてもらいますよって」と退散。翌日、改めて今度は菓子折を持参して挨拶に伺ったところ、竹中は「おお、そうか。これは気持ちよう、もろとくわ」と受け取ったという。

このエピソードで竹中が言いたかったこと、そしてこの新直参組長がハッと気づいて受け止めたことは、次のようなことだろう。

すなわち、親分、子分の関係の成立はビジネス上の成約などといったものではなく、そこに金銭の受け渡しなどを発生させてはならない。喜びの気持ちの表現であれば、挨拶に赴いたという事実だけで十分であり、その際の儀礼的な手土産としての菓子折程度なら頂いておこう、というものではなかったのか。

この新直参組長は、後に筆者にこう述懐していた。「あのときほど、竹中親分の偉大さを感じたことはなかった。金を差し出されて嬉しくない人間はそうはいないはずだ。ところが親分は違った。同時に、ごまを摺ろうとした己の卑小さも思い知らされた。親分は、『ワシにごまなんか摺る必要はない。子分から金を受け取るなど、誰かれ関係なくワシはいっさいしない。金は自分のために使え。それが結果的に山口組のためになるんじゃ』ということを教えてくれたんですよ」と。

この新直参組長は、この出来事で己の〝心〟を竹中組長に掌握されてしまったのである。

義のないビジネスは退け、筋を通せ

話は変わるが戦国時代、関ヶ原の戦いで西軍についていたのに、その才能を惜しまれて徳川家康に重宝され、旧領の筑後国で10万石の大名に復帰した男がいる。その男の名は立花宗茂。1567年に戦国大名・大友氏の一族として生まれた。その当時、大友氏翼下の有力武将だった高橋紹運《たかはしじょううん》の実子である。この立花宗茂、頑固一徹の完璧主義者で筋を曲げない男としてその名を喧伝されたが、その性格は竹中組長と通じるところがあるようだ。

さて、その宗茂は、関ヶ原の戦いで敗れても、頑強な守備の大坂城（当時は大阪ではなく大坂）で徹底抗戦すれば、勝機はじゅうぶんにあると考えていた。しかし、西軍総大将の毛利輝元と有力武将の増田長盛の返事は、「いずれ相談の上、お答えしたい」というような煮え切らない返事だった。

落胆した宗茂はぶち切れる。重臣たちを集めて「今日、この期に及んで評議に時日を費やすなど、もってのほかである。道をふさがれぬうちに大坂を出発し、国もとに帰って成り行きを見よう」と決断する。そうして帰国する途中、同じ西軍の敗戦の将、島津義弘の島津隊と遭遇する。それを見た重臣のひとりがこう進言した。

「島津は、父君の高橋紹運公の仇敵、いまこそ討つべきです。この際、仇討ちをなし、その首を家康公に差し出して、東軍との和睦を計るのはいかがでしょうか。いまならたやすく仇が討てまする」

これは、かなりの妙案と言えた。仇を討つと同時に、立花家を守ることができる可能性があったからだ。

しかし、宗茂は即座にこの案を一蹴し、その重臣を叱りつけた。

「先般の岩屋城の戦いは、立花家と島津家との私闘ではなく、太閤殿下の島津征伐という公の闘いであり、紹運公は義に殉じられたものである。その後、島津が降伏して太閤殿下と和睦が成立した以上、島津に対する恨みは私怨に過ぎぬ。島津はいまや兵も少なく、見たとおり哀れな姿である。しかも同じ大坂方である。その味方である島津勢を、小勢につけ込んで討つなど武士のすることではない。まして、その首を手土産にして家康公に取り入ろうなど、卑劣極まりない行為である。先祖から連なる立花の武士道を愚弄するものであるぞ。立花の武士はそのようなことは死んでも考えない」と烈々たる気迫で言い放った。その言葉に重臣たちもおののき、家来たちも返す言葉がなかった。

宗茂はすれ違う島津義弘に対して、

「昔の遺恨は、少しも心にかけてない。九州までの道中は諸事、心を合わせたい」と申し述べたという。こうして戦国武将としての潔い『筋』を通しつつも、仇討ちを提案した部下についても後日、彼の別の場面での武勲を誉めちぎっている。

こうして、事の次第ではいったん、部下や側近の要求や提案を撥ねつけて威厳を保ちつつも、それ以外のものを後に受け入れることで、度量の大きさを見せつける。これぞリーダーの人心掌握術というものだろう。

恋愛編

男の覚悟が女を落とす

すべてを投げ出すという男の「迫力」に女は心を奪われる

「誰を殺してほしいねん。え、言うてみい。誰を殺してほしいんねん？」

これは竹中正久四代目山口組組長の、あるホステスに対する伝説化された口説き文句である。

「愛は技術である」とエーリッヒ・フロム（ドイツの心理学者）は言っている。技術とはまた味気ない表現だが、これはテクニックというよりは真心、思いの深さ、と解釈するのが妥当なところだろう。

恋愛において大切なことは、フロムの言う技術と同時に「共感」であろう。つまり、他人を自分と同一視する能力である。とは言え、これを実行するのは並みたいていの努力ではない。「荒ぶる獅子」と評され恐れられた竹中正久四代目組長は、この口説き文句を言っているときに「愛する者のために泥をかぶる」、つまり、「おまえのためだったらなんでもしてやる、刑務所に行くことさえ厭わない」という自分の覚悟のほどを見せているのだ。

そんな男の覚悟を訴えられて、心が動かない女がいるだろうか。ぎょっとして、「気味が悪い男！」と一瞬は思うかもしれないが、「自分を求めるために、この男はそこまでの覚悟を見せてくれた」とその思いにほだされるに違いない。

巷間、「ヤクザは女にもてる」と言われる。すでに定説になっている感があるが、ヤクザが女にもてるのはズバリ、「ヤクザだから」だ。余計な逡巡なしで、素直に真っ正面から自分の思いとその深さを訴えるから、女はついつい口説かれてしまうのだろう。

ただ、このセリフも、ヤクザだから言えるのだろうし、また意味があるのだろう。一般人にはなかなか言えるセリフではない。しかし、覚悟のほどは一般人だって伝えられるはずだ。

三島由紀夫の『午後の曳航』という小説に、ある男が愛する女に貯金通帳と印鑑を渡すシーンが出てくる。通帳にはかなりの金額の金が貯金されているわけだが、これは不器用な男の精一杯の愛情表現なのだ。結果的に女はこの男の愛を受け止めるのだが、女をその気にさせたのは、「金を貢がれたから」という俗っぽい事柄ゆえではなく、「全財産をあんたにあげる。それほど俺はあんたを愛しているんだ」という男の〝覚悟〟をよしとしたからだ。その潔さに心を動かされたからだ。ヤクザに限らず、「おまえがほしい」というその覚悟のほどを見せることは、一般人だって誰だって、可能なのである。

竹中正久が四代目の組長に就任すると、兵庫県警はすかさず竹中をマークすべく動いた。まずは三日後に竹中組事務所の家宅捜索を強行した。このとき、竹中はガウン姿のまま「なんじゃい、わりゃーっ、しまいにはぶっ殺したろうか！」と獅子吼している。この様子はいまも動画サイトなどで確認できるが、このときに「警察は敵であり、対峙すべき存在だ」と多くの組員たちの共感を得たのだ。このことは、後に「山一抗争」に突入したとき、四代目山口組側の組員たちの士気に大きな影響を与えたと言われている。

ニュースを見た人たちは「たいへんな人物が新組長になった。山口組はさらに暴力団化するだろう」と思ったに違いないが、これは竹中組長が組を鼓舞するためにとったパフォーマンスであり、竹中が訴えたかったのは、実は組の内部に向かって「気を引き締めていけ」ということだった。

「ボディチェックするのには、警職法に基づいてやなあ、身体検査令状がいるんや。同意もなしに無理やりチェックするんはできんはずや。裁判所いって（令状を）もらわないかんわけや。若いサッはそんなことも知らんから、上のもんから〝やれ〟いわれてやっとるだけや。法の番人なら法を守らないかん」（『一家を守るために男は何をすべきか』（サンデー毎日編）

捜査令状なしの家宅捜索においても、同様の見解を持っていた。竹中はそうした権力の横暴さには激しく抵抗した。竹中は読書家だった。新聞は各紙に目を通し、六法全書を座右に置き、常に500人くらいの電話番号を暗記するほど記憶力がよかったという。このように、稀代の切れ者ヤクザであった竹中は「筋が通らないことをとことん嫌う」いっぽうで、共感者作りには邁進した。もちろん、周りにいる女性も味方にすべく共感性を集めた。

マッチングセオリーで女に迫れ

さて、口説き文句として「誰を殺してほしいんや」と女に迫る竹中はマッチングセオリーという心理学を使っていることになる。このセオリーは「相手と同じ境遇」に持ち込もうとする、竹中ならではの心理術だったのかもしれない。これはわかりやすく言うと、「相手と同じ境遇にいるから、好きになる」というもの。つまり「あなたの敵は僕の敵だ」ということである。ここからは想像だが、竹中組長も「俺も殺したいやつがおるんや」と、口説いている女性に語ったのかもしれない。

マッチングセオリーとは、仲間意識を強めることにほかならない。言行一致の男らしさにマッチングセオリーで仲間意識を強く植えつけることができれば、もちろん女性も「身内」に取り込めるし、さらに「畏敬」を集めて恋愛へと昇華させられる。マッチングセオリーは、言い換えれば「アワーエネミー」（私たちの敵）効果とも言えるだろう。

昭和55年に起こった「姫路事件」は、もっとも有名な抗争のひとつだが、これは後に山口組四代目となる竹中正久が率いる竹中組が、同じ姫路を本拠とする二代目木下会の高山雅裕会長を姫路の繁華街で射殺した事件である。

この事件の発端とも言える事件が、まず岡山県津山市で起きた。同年1月10日、竹中組小西一家系組員のふたりが射殺された。撃ったのは、木下会平岡組の組員ふたりだった。平岡組は岡山市が地盤だったが、53年頃から津山に進出。そのため竹中組津山支部とはシノギを巡って対立が続いていた。

武闘派で鳴らしている竹中組内部では「木下会に即、報復すべき」との強硬意見が大勢を占め、抗争に突入するのはもはや時間の問題と思われた。ところが木下会と竹中組の間に入って和解話を進める人物が出現する。山口組の長老で、竹中にとっては姫路の先輩にあたる湊芳治・湊組組長である。

木下会の高山雅裕会長は、理由のいかんを問わず「殺したうちのほうが悪い」として、殺害した組員が所属する平岡組・平岡篤組長の小指と香典を差し出し、さらに湊組長の仲介で竹中組長と直接会って詫びを入れた。その席で、和解の条件として事件に関与した組員の絶縁処分をつけ加えたのである。

ところが、この条件と処分を巡り、いき違いが生じる。

立ち会った湊組長が「絶縁までせんでもええやないか」と言葉を挟んだのだが、それは「絶縁までしなくとも破門でいい」というつもりであったとされている。竹中組長もそう理解した。

ところが、高山会長のほうは、〈指詰めと香典と詫びだけで、それ以上のことはしないでも構わない〉という、自分たちにとって都合のいい内容に受け取ったのだ。したがって、破門状の送付などは行われなかった。

竹中組としては、待てど暮らせど関係組員の破門状が回ってこないことに苛立ちを感じ、ついには「手打ちの条件不履行」として怒りに変わった。この前後、竹中組長は組員ふたりを失った竹中組小西一家系関係者に対してだけでなく、ほかの竹中組の身内に対し、「悔しいな。ふたりも組員をとられて泣き寝入りかい」と語り、同調する組員の肩を抱いたりした。「湊の兄貴が打った手打ちではそろばんが合わんわな。竹中組の沽券はどないなるんや」と、身をよじるようにして悔しさを吐露した。

自分が敵陣に乗り込みたいのはやまやまだが、いったん湊組長を介して決まった手打ちを破るわけにもいかない苦衷を吐露していたのだ。これなど、本人は意図せずとも「組員を自分と同じ境遇、考えにする」というマッチングセオリー理論を実行に移していたことになる。そういうふうにして、自然とヒットマンが出てくるのを待っていたのかもしれない。

こうして5月13日、姫路市内で事務所から出てきた高山会長は9発の弾丸を受けて、ガード役ども死亡した。後に竹中組の組員の犯行であると判明した。

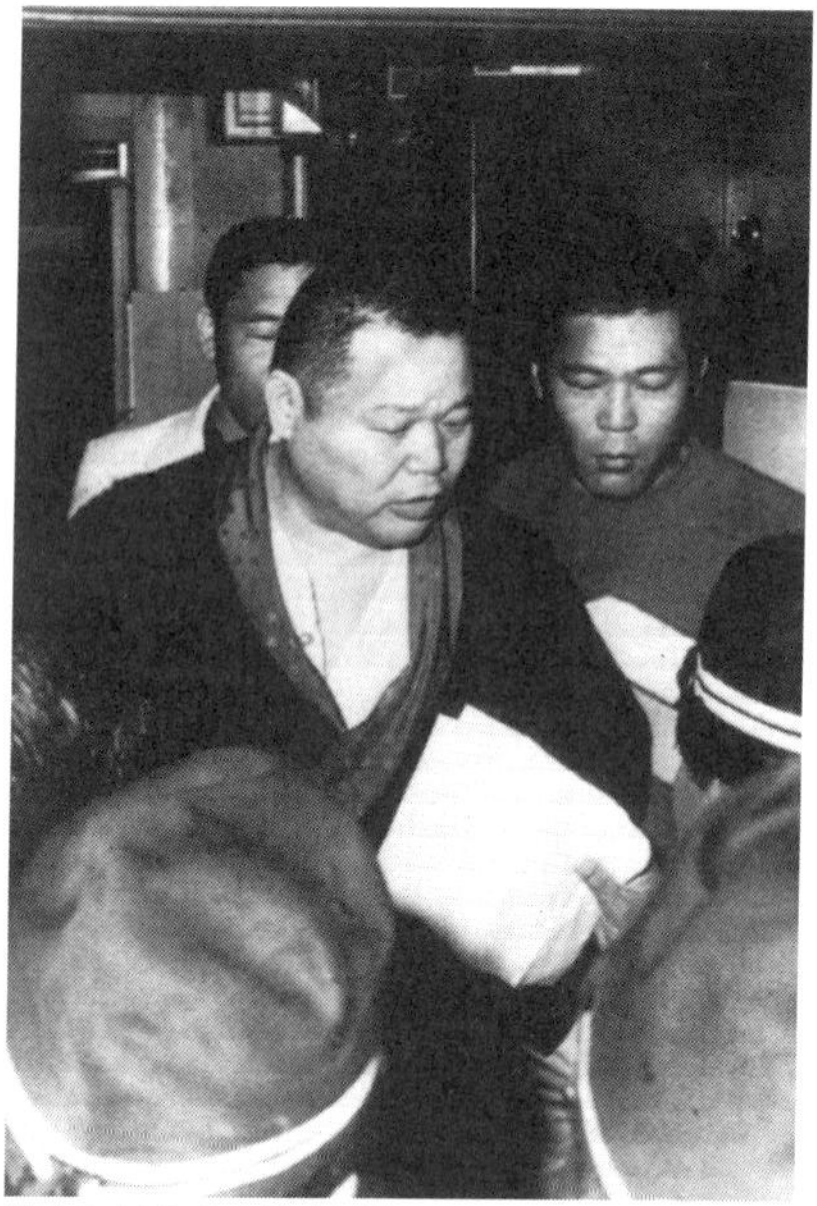

警察に対応する竹中正久

冒頭の「誰を殺してほしいねん」という口説き文句のほか、惚れたホステスから「日給が安いの」と泣きつかれると、「ほな、店長に言うとくわい。『竹中の組長が寄る店の日給が安いゆうてホステスが泣いているわい。わしに恥かかすのんか』というてな」と安心させた。後日、本当に側近を通じてホステスの日給を上げさせた。「私と同じ気持ちなんだわ、竹中さんは」とホステスは感激し、それまでは竹中が一方的に店に寄っていたものだが、いつしかホステスのほうから竹中に連絡を寄越すようになった。

ジワジワと効果を出す、このようなマッチングセオリーの口説き方の実例を見てみよう。たとえば、職場であなたが惚れているＯＬから「部長の説教が長いの」と泣きつかれたとしよう。あなたは部長がいる飲み会の席で「部長、話は短いほうが女子には好かれますよ」とそのＯＬが見ている前でさりげなく、しかしチクリと言う。

こうしてやると「私の味方がいる」とそのＯＬは感激することだろう。口先だけで「あなたの味方だよ」と言っても女は信用しない。あなたが傷だらけになって彼女の味方をしているという、その姿を見せつけることが大事だ。あなたが彼女のために動いている姿を彼女の心に焼き付けるのが、マッチングセオリーを駆使しての口説き方なのである。必ず強いインパクトが彼女の心に残ることだろう。

男の「ぶれない」姿と女の「配偶心理行動」

「殺るなら殺ってみろという気でいつもおるのや。わしは男で死にたいわな」（雑誌のインタビューにて）

覚悟があるリーダーに部下は付いていく。男の場合はなおさらだ。男だけでなく女だって同じだろう。そして女は、古来から権力がある男性に付いていきたがるようだ。権力ある男、すなわち、強い男に。やはり男は、強くなければならない。ただし、この場合の強さは肉体的な強さではなく、心の、精神の強さ、思いの強さである。

竹中自身は「極道に女房はいらん。女はいらん」という考え方だった。「家庭はいらん」といったほうがより正確だろう。ところが、竹中の場合は、若い時分から女性にもてた。それは「ぶれない」生き方に女が惹かれたからだ。「何があってもこの人は守ってくれる」と思えばこそ、女は死ぬまで付いてくる。

昭和37年2月、竹中は福岡の地元組織と揉めたときに、いち早く九州に乗り込んでいる。これは、「夜桜銀次」と呼ばれる山口組系列の組幹部、平尾国人が、福岡で射殺された事件に絡んだものだった。

夜桜銀次は地元の住吉一家幹部の鷹木末雄の子分である宮本勝・宮本組組長の賭場で揉め事を起こし、宮本を殴り拳銃を天井に向けて発射したりなど、数多くのトラブルを巻き起こしていた。

ところが山口組組員が大挙博多に到着したとき、博多駅や街の中でことごとく警官に「何しに来たのか?」と詰問されてしまう。「平尾の葬式に来ただけや」と竹中は押し通す。警察が山口組を大組織として見ており、マークもきつくなっていた。

結局、山口組は宮本組とは事を構えなかったが、この事件で山口組は竹中を含む105人を超える逮捕者を出した。夜桜銀次射殺事件も、宮本組の犯行ではなかったことが、後に判明する。

この事件は、山口組はわずか組員ひとりの死でも、総動員をかけて攻撃してくるのだ、と全国にその機動力を知らしめる事件となった。

その中で、逮捕された組員がいずれも22日で釈放されたのに、竹中はひとりで自分の組の凶器準備集合罪の責任をとり、福岡拘置所に移送されている。

実は、竹中は責任をとったわけではなく、最後の最後まで、「平尾の葬式に来たのであってケンカしに来たわけではない」と言い張ったのだ。

竹中は、警察に問い詰められても、否認するのがヤクザとして「筋が通っている」という考えの持ち主であった。こうした「ぶれない姿勢」が女の心をくすぐっていくのだろう。それだけではなく、たとえば、竹中組長はガサ入れされた直後に平然とお気に入りの女と会って「わしを叩いても、なんにも出てこんわ。ガラ（体）は持っていかれても心はもっていかれんへんわ。もっとも心はお前ものやで」と耳元で囁く意外な一面もあった。

竹中組の関係者はこう語っている。

「竹中親分は女性に対してぶっきらぼうやったけれども、『お前だけはなんとかして守ったる。クビがなくなって胴体だけになっても守ったるわ』と惚れた女には真剣に言うとりました。はっきり言って、そこまで（思いの）強さを見せつけられたら、キュンとなるのが女心と違いますやろか。親分には、『女を泣かしたらあかん』という強い信念があり、実際に（その信念は）強かったですわ」

「強さ」は「覚悟」と表裏一体なのである。

こうした「ぶれない強さ」に、強く惹かれるのは女性の本能が持つ配偶心理行動のゆえである。

配偶心理行動とは何か。たとえば昆虫でも、多く餌を運んでくるオスにメスは惹かれていくという現象を指す。メスとしては強いオスとくっついていたほうが強い個体を生むことができるし、その遺伝子は永続する可能性も高くなる。つまり、動物としてはメスである女性の「配偶心理行動」の基本は、外見の美醜ではなく、遺伝子として「強いものを有している」からそのオス（男性）に惹かれるということになっていく。

「頭じゃない、心だ」、「器量じゃない、ハートだよ」と男女ともに言うが、その意味は、強く、能力ある、やさしさのある人と結婚したほうが男女ともにうまくいくに違いないという意味だ。

それでも、時間がたつとともに、外面の美に心地よさを感じるもうひとつの本能も顔を出す。そんなとき、とくに男性は肉体、精神面でタフでないと「あなたとはもうやっていけない」と放り出される可能性がある。熟年離婚を言い出すのは、妻のほうが圧倒的に多いから気をつけよう。

こうした背景には、前述した女性の「配偶心理行動」がベースにあるのだ。テレビＣＭで「課長さんの背中、見ていいですか」というのがあったのを覚えておられるムキもあるだろう。ＯＬが、出世しそうな男性に惹かれるのは、なんといってもその「強そうな遺伝子に惹かれる」からに違いない。

接待の若い女性のハートを奪い取った一言

話を竹中に戻せば、竹中は二時間も眠ればシャキッとして働き出すのでボディガードの身がもたなかった、という伝説がある。こうした「生命力」の強さも竹中の魅力であり、女心をくすぐるところだろう。竹中には内妻がいたが、こうした竹中の男っぽさにすっかり夢中になっていたのではないか。

こういう話が残されている。

義理事で、ある地方に竹中が数人の側近を連れていったときの話だ。このとき、相手の組が気を利かせて温泉宿を手配し宴席が設けられた。宴の後に就寝となり、竹中は接待された宿の自室に入りやがて夜更けとなった。しばらくして、竹中の部屋のドアがトントンと密やかにノックされた。

竹中が起きて身構える。隣で寝ずに待機していたボディガードがドアまで出向く。

「誰や」

「コンパニオンの○○子です。××組長にあなたの相手をするように言われて来ました」

竹中は眠い目をこすり、女を招き入れた。その女は宴席で接待していた美人のコンパニオンで、まだ20歳そこそこだ。竹中は女に向かって、

「ええか、（ワシと）やったことにして今夜はもう帰りや。わしは惚れた女が姫路におるのや。一途に惚れておるのや」と真剣に言い切った。

このとき、あまりにも真剣な男気あふれる言葉と内容に、そのコンパニオンは強烈に女ごころを揺さぶられたのだろう、思わず、「お願いします、抱いて下さい。いまあなたに惚れてしまいました」と口走ったという。

この話は、ボディガードを通じて、当時、竹中がベタ惚れしていた姫路の女に伝わり、その女もこれまた感激したとの伝説が伝っている。

アメリカの心理学者、モナ・パターソンの研究によると「好きな料理」があり、なおかつ「その料理を自分で作る」男性は、ただ単に「好きな料理があってもその料理をしない」男性よりもはるかに好感度が高い、との結果が出ている。実験に協力した女子大生３００人のアンケート結果だが、２５６人もの女子大生が「好きな料理があり、なおかつその料理を自分でする」男性に軍配を上げたのだ。

つまり「ぶれないで一貫性があり、なおかつ行動力がある」という事実は、より女性の母性本能をくすぐり、男の好感度を上げるということだ。これを竹中のエピソードに当てはめてみると、「わしは惚れた女が姫路におるのや。一途に惚れておるのや」と、惚れた女への思いを正直に吐露したことが「ぶれない」を体現し、また、「据え膳（コンパニオン）を食べる（抱く）」という男の欲望に負けず、惚れた女に操を立てたことが「一貫性があり、行動力がある」ことに結びつく。だからこそ、この若いコンパニオンも瞬間、「いま惚れてしまいました！」と叫んだのだろう。男の「ぶれない姿勢」は、そのまま女性をして「男の強さ＝生命力」を感じ取らせるのである。

「オレは出世する。仕事もがんばる」と彼女に宣言してみよう。仕事に一心不乱に励み、現実として出世してみせよう。こうした言動一致を実現しつつ、なおかつ生命力に満ちている姿を彼女に見せつける。すると女性は、「こういう男を自分のものにしておきたい」という配偶心理行動が刺激されるに違いない。

第8章

カリスマの戦術と戦略

三代目山口組組長

田岡一雄

ビジネス編

日本のドンの戦略的経営思考

艱難辛苦の少年時代

山口組三代目組長・田岡一雄は大正2年3月28日、徳島県三好郡三庄村に生まれた。四国阿讃山系と剣山山系のあいだを流れる吉野川のほとり、平家ゆかりの地と伝えられている。

父親はすでになく、3人の姉は嫁入りと奉公で家を出ていたので、幼い田岡は母親とふたりだけの生活だった。その母親は、朝から夜遅くまで酷使される小作人という立場で、一雄が6歳のときに高熱におかされて亡くなってしまう。そして一雄は7歳で、神戸の叔父に引き取られた。

初めて体験する他人の飯は刺のあるものだったと、田岡一雄は回想している（『完本　山口組三代目田岡一雄自伝』徳間書店）。ひたすら、はやく大人になることばかりを考えたという。独立したくて始めた朝夕の新聞配達が彼の身体を鍛えたのか、喧嘩だけはめっぽう強くなっていた。高等小学校に進む頃には、ガキ大将をたばねる総大将になっていた。そんな少年が、普通の就職先で勤まるはずもない。川崎造船所の旋盤工として2年ほど勤務し、上長との喧嘩が原因で退職した。その後、小学校時代の同級生だった山口秀雄（山口組二代目登の弟）と再会する。

そして田岡は山口組のゴンゾウ部屋（沖仲仕の飯場）に起居し、博打と喧嘩に明け暮れることになった。三ン下としての修業に入るのは、山口組の舎弟・古川松太郎宅に預けられてからだった。兄貴分を殺された港湾争議に関わる殴り込みで刑に服する。1年余の懲役からもどり、ここで山口登の盃をうけた。一人前のヤクザとして、修羅場に踏み込んだのである。

田岡一雄・三代目山口組組長

大長八郎を斬って懲役8年の刑を受けるも、皇紀二千六百年（昭和15年）の恩赦で短縮され、昭和18年に釈放となった。同時にこの事件の務めを終えたことが、田岡一雄の極道人生の華々しい出発点となった。二代目山口登が急死し、田岡が山口組三代目に推挙されたのである。

君臨すれども、統治せず

田岡一雄のガバナビリティを論じるとき、それは巨大組織のドンとしての立ち居振る舞いということになる。したがってそのノウハウの解明は、経営者的な視点を持たざるをえないであろう。

それはしかし、遮二無二道を切り開いた前半生においては、ほとんどが偶然と言わざるを得ない。名を上げ功を遂げた戦後ヤクザの大半が、ギリギリのところで生き延び、九死に一生を得ている。その意味では、成功のほとんどが偶然なのである。そこでわれわれは、田岡一雄が山口組を掌握し、日本で最大の組織になった時点から田岡一雄に関する考察を始めたい。

三代目山口組が全国的な存在になってからの田岡一雄は、組織運営の大半を執行部に委ね、とくに「日本一の子分」を自称する山本健一若頭に任せておけばよかった。すでに田岡は押しも押されもせぬ、日本のドンだったのだから――。

すなわち、**君臨すれども統治せず**。立憲君主制の統治スタイルこそが三代目親分を無謬たらしめ、組織のヒエラルキーを盤石なものにしてきた。これは他の組織の「総裁職」に該当するといえよう。

みずからを半隠居状態に置くことが、田岡に代表される大親分の処世術である。あたかも、老練な政治家が早々に引退して、若い後継者を手玉に取りながら政局と国政を操るがごとくに――。

典型的な例を挙げておこう。昭和50年7月に勃発した松田組との抗争、いわゆる第二次大阪戦争のときのことだ。周知のとおり、賭場の揉め事に端を発した松田組との抗争は、当初は枝の組織の対立にすぎなかった。

山口組系の組員3名死亡という事態（ジューテーム事件）を受けて、関西懇話会を介して松田組は山口組と和解交渉を行っていた。双方にとって、枝の組織の揉め事だったのである。

ところが交渉の窓口となっていた村田組（松田組系）の事務所に拳銃が撃ちこまれ、これに大日本正義団（松田組の戦闘組織）が山口組本部事務所襲撃で応えた。これで双方の親組織の問題となってしまった。山口組側も瀬田組（松田組系）組長宅を警護中の同組組員を銃撃し、さらに羽根悪美（恒夫）が松田組の樫忠義組長宅を銃撃した。

さらに大日本正義団は、中西組（山口組）の事務所前で警護中の組員1人を射殺。警察車両がいるにもかかわらず、みごとに隙を衝いた犯行だった。それでもなお、山口組は松田組との手打ち交渉を模索していた。松田組も大日本正義団の暴走を止められないまま、手打ち交渉に懸命だった。9月の山口組定例会では山本健一若頭が「松田組との抗争の報復をしてはならない。これは田岡組長の意思

である」と厳命している。それが田岡組長の意思だったのだ

ところが、交渉は遅々として進まなかった。山口組は菅谷政雄の独断交渉、およびその菅谷が謹慎中であったことから、内部問題の解決に汲々としていたのである（菅谷は昭和52年4月に絶縁処分）。

やがて1年がたち、山口組の無為無策を感じさせる空気がただよっていた。そんなおり、山本健一が田岡宅を訪ねた際に、ポツリと言われた。田岡の言葉である。

「健、お前、どないするつもりや？」このひと言が山口組を動かした。

昭和51年10月3日、大阪日本橋で大日本正義団の吉田芳弘会長が射殺された。その遺骨をかじって報復を誓ったとされる鳴海清が、京都のクラブ『ベラミ』で田岡一雄を銃撃した。いまも語り継がれる、伝説的な『ベラミ事件』である。「ドン撃たれる」の報に、山口組は全面戦争に突入した。

後は一方的な山口組の報復だった。大阪で、和歌山で、報復の火花が散った。松田組の5人を血祭りに上げ、田岡を撃った鳴海清も六甲山中で変死体となって発見された。血のバランスシートがとれたかどうかはともかく、この時点で一方的な終結宣言が発せられる。この間、田岡はいっさい表に出ていない。動いたのは山健組（健竜会・盛力会・健心会）であり宅見組や玉地組などであった。いわば方面軍が独自に動き、田岡の意志を慮って抗争は収束したのだ。君臨すれども統治せず――しかし確実に、田岡の意志は貫徹されたのである。

情報戦で相手のホンネを露出させせ、実質をすべて取り込む

田岡一雄といえども、中央政界との関係や首都・東京との関係では、やはり地方の親分にすぎなかった。そうであるがゆえに、戦略的にならざるをえない。そんな事情が端的に現れたのは、児玉誉士夫が提唱した東亜同友会構想においてだった。もともと東亜同友会は、共産主義勢力に対抗するために、全国の博徒・テキヤ・右翼団体を総結集し、反共国民統一戦線を作るという構想だった。

だが、ひとり一党、独立独歩の気風が強い右翼とヤクザに、大同団結の思想は馴染みにくい。組織の序列や位階が、ただちに争いになってしまう。そこで手はじめに、広域組織の親分衆に呼びかける形で、児玉の構想は着手された。同時にこの大同団結の構想には、全国的な抗争事件の頻発を抑制し、親睦的な組織にすることで共栄共存をはかる目的もあった。

最初に児玉が動いたのは、町井久之（東声会会長）と田岡の兄弟盃だった。これは昭和38年（1963）に神戸で執り行われ、その日のうちに京都に場所を移して披露目の宴がひらかれた。そしてこの席に、関東と京都の親分衆が参席したのである。阿部重作（住吉会名誉顧問）、稲川角二（＝のちの聖城。鶴政会＝稲川会）、図越利一（中島会＝会津小鉄）。宴を準備したのは、京都政財界の闇の帝王

と呼ばれる山段芳春であった。

しかし田岡一雄にとって、児玉の東亜同友会は形のうえでの参加にすぎなかった。じつは田岡は、児玉と対立関係にある田中清玄と懇意（港湾組合経由）にしている事情があった。だから横浜のクラブ『グランドパレス』で山口組系井志組と錦政会（稲川系）が揉め事になった（錦政会が井志組の挨拶に欠礼した）とき、田岡は一歩も引かせなかった。その手打ちの条件が「山口組の進出は東亜同友会の下部組織としてのみ認める」「事務所には十人程度」（児玉）というものだったとき、田岡はこれを甘受しつつも次の手を打っていた。

すなわち、田中清玄とともに麻薬追放国土浄化同盟（作家の山岡荘八・平林たい子・参議院議員の市川房枝・立教大学総長松下正寿・文芸評論家の福田恆存らが参加）の結成大会を、横浜で大々的に開催したのである。神戸と同じく港町の横浜は、田岡が関東進出の拠点に狙っていた。山口組横浜支部長・益田芳夫（後に佳於）は、この浄化同盟の横浜支部長を名乗った。ここに山口組の関東進出は、実質的な面で果たされたのである。

これが東声会組員による田中清玄襲撃事件につながったのは、周知のとおりである。事件は町井久之が田岡と田中に謝罪することで決着するが、田岡と田中を引き裂こうとしていた児玉との関係も、田岡はプロレス興行に一緒に進出することで結んでいる。こうして山口組は関東への進出をやり遂げた。**相手のホンネを見定めつつ、実質を取り込む**田岡一雄の関東進出戦略はじつに鮮やかだった。

組織はすべからく綱領と規約に収斂《れん》するべし

前節の冒頭に「君臨すれども統治せず」という立憲君主制の命題にふれた。三代目時代の直参衆（舎弟・若中）にとって、田岡一雄は「天皇」であったという。昭和天皇がその当時に賛同したという天皇機関説は、天皇が個人でありながら統治システム・政策執行の裏付けとして機能する「機関」であるところに画期性があった。

そして機関は法によって運営され、運営は執行グループに委ねられる。そこで田岡一雄は、個人ではなくなったのである。

若頭補佐の吉川勇次の発案で、滋賀・永源寺の老師の助言で成った山口組綱領は次のようなものだ。

（前文省略）

一、内を固むるに和親合一を最も尊ぶ

一、外に接するに愛念を持し信義を重んず

一、長幼の序を弁え、礼に依って終始す

一、世に処するに己の節を守り譏りを招かず
一、先人の経験を聞き、人格の向上をはかる

綱領の発表とともに、田岡は七人衆という協議機関を発足させている。今日でこそヤクザ組織には一般企業のような役職が設けられているが、その先駆けは三代目山口組であった。舎弟と若頭、若頭補佐という縦の組織と、横断的な評議機関を併設したのである。これらの官僚システムともいうべき機構の中で、もはや田岡は院政のごとき立場となったのである。

もうひとつ、田岡一雄のカリスマ性は彼の実生活において体現された。

かつて、ヤクザの親分は子分とひとつ屋根の下で暮らし、ある意味では清貧と清廉に生きていた。ヤクザという生き方が人間性の修養であり、任侠道を極める修行だった。清廉という意味では、田岡はみずから事業を成す（甲陽運輸・神戸芸能社）ことで、現代ヤクザのあり方をしめしてきた。組員に生業を持つように奨励してきた。生業を持てば、バクチや諸々の不法行為で身を滅ぼすことはない。

「わたしはうどんの一杯でも、子分から奢ってもらったことはない」と明言している。これは清廉と清貧の思想である。この清廉と清貧の思想ほど、日本人の精神に訴えるのにうってつけのものはない。成功してなお、清貧に甘んじる指導者に心を打たれない子分はいないであろう。そのような脈絡にこそ、今日も田岡一雄が聖別される理由がある。綱領の文言とともに、田岡一雄は山口組の聖者になったのだ。

恋愛編

抗争戦術を恋愛術に応用してみる

田岡が採用した手法は「吊り橋理論」である

山口組一門の総帥であると同時に、田岡一雄は芸能界のドンでもあった。この方面では田岡の独特の手法が成功の源泉となった。それを仮に「吊り橋理論」として読み解いていこう。

まずは、田岡の芸能界での躍進を見ておきたい。田岡は三代目襲名後、興行師・永田貞雄の協力で、廣澤虎造、伊丹秀子らをともなって、全国巡業を行っている。吉本興業系の興行師・山沖一雄をスカウトし、山口組興行部を本格的な芸能プロデュース会社へと押し上げたのだ。そして昭和23年にはボードビリアン（コメディ楽曲）の川田晴久から依頼を受け、その興行を引き受けている（神戸市新開地劇場）。その頃に川田から紹介されたのが、まだ11歳の少女、美空ひばりだった。

昭和26年になると、山口組自主興行となる野外ショー「歌のホームラン」（大阪難波スタジアム）

が開催された。美空ひばりをはじめ、川田晴久、近江俊郎、岡晴夫、田端義夫、灰田勝彦、淡島千景らが出演し、1万人を超える観客を集める。さらに、前述したように鶴田浩二のマネジャーが袖の下を使おうとして田岡の激怒を誘ったことから、鶴田浩二襲撃事件が発生し、この事件は山口組興行部の求心力を高めた。

つまり、山口組に話を通さなければ、関西では興行が打てないのだと。そして暴力に屈しなかった鶴田を田岡がささえることで、山口組が単に芸能人を利用するだけではないことも評判となった。ある緊張感を作り出した後に、それを取り込む。この田岡の手法は全国レベルでの興行でも採用される。

田岡と山口組興行部の名を決定的にしたのは、民放連との興行戦争だった。事の発端は、民放連が「十大歌手による民放祭」を企画したことにある。出演する十大歌手をファン投票で選ぶという、その手法が混乱をまねいたのだ。

ファンのみならず、レコード会社や各芸能社（プロダクション）が組織投票をすることで、当時売れっ子だった三橋美智也が選ばれなかったのだ。ほかにも選にもれた人気歌手が何人かあった。この民放連のやり方に疑問がさしはさまれ、民放祭をボイコットしようという流れが起きてしまう。

ここで田岡が動いた。選にもれた三橋美智也（もともと山口組系の山沖一雄がスカウトしていた）をはじめ、美空ひばり、田端義夫、春日八郎、江利チエミ、雪村いづみ、近江俊郎らが、山口組系十

美空ひばりとその後見人であった田岡三代目

大スター歌謡ショーのラインナップを飾ったのである。興行地も日大講堂（両国）と決まった。ふたつの興行が緊張感を高めた。

　この田岡の挑戦に、民放連側が先に折れた。そして田岡もこれを歓迎した。田岡の出した条件は、山口組系のショーを中止する代わりに、二十大歌手による民放祭にするようにというものだ。その民放祭を、田岡一雄と民放連の主催にすることだった。このとき、田岡は初めて神戸芸能社の肩書きを使っている。

　こうして神戸芸能社は、山口組本部の中に事務所が置かれ、田岡一雄社長・田岡文子取締役・山沖一雄監査役でスタートしたのである。民放連にギリギリの挑戦状を突きつけ、しかし相手が折れるとみるや花を持たせるかたちで親密になる。それと同時に、田岡は芸能界のドンとなる礎を獲得したのである。これこそ吊り橋理論にほかならない。

一定の緊迫状況、あるいは興奮状態に置いた上で、関係性の変容を成り立たせる。これを「吊り橋理論」という。これはカナダの心理学者（ダットンとアロン）の学説で、ある実証実験を元にしている。

ダットンらが行った実験は、18歳から35歳までの独身男性をふたつのグループにわけ、片方のグループは揺れる吊り橋に、もう片方のグループは揺れない橋を渡らせる。ふたつのグループが橋の中央に来たところで、若い女性がアンケートを求める。その際に、「結果などに関心があるなら、後日連絡をください」と、電話番号を教える。結果は明瞭であった。揺れる吊り橋を渡ったグループのほとんどの男性から電話連絡があったのに対して、揺れない橋を渡ったグループは一割ほどしか電話連絡をして来なかったのである。

【吊り橋理論】

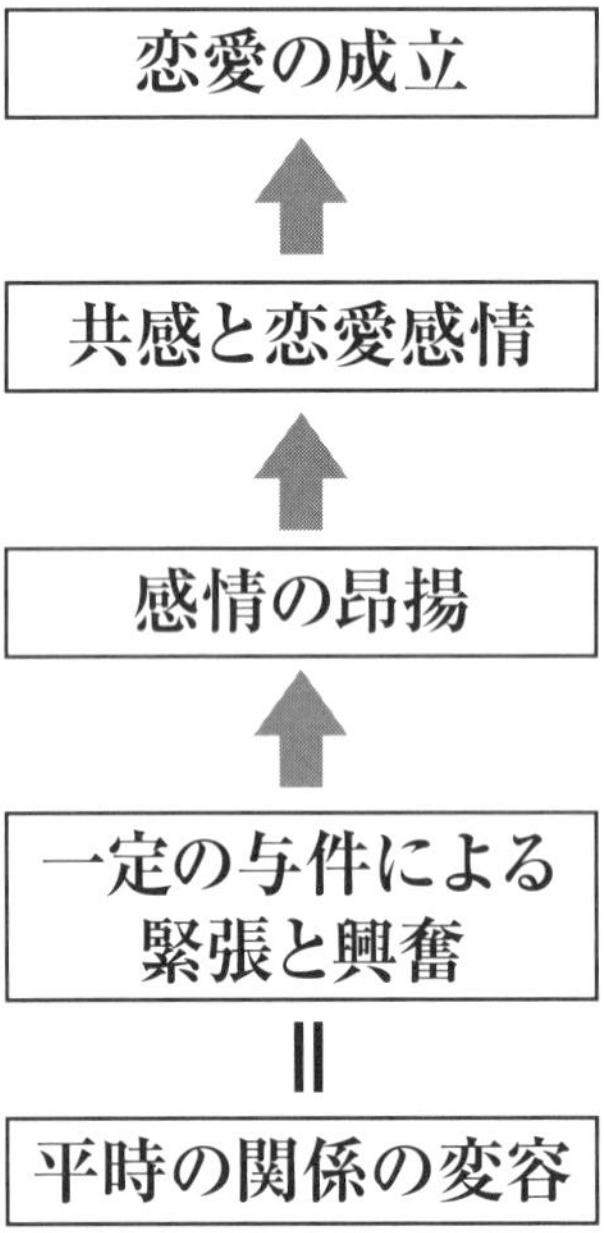

つまりこの実験でわかったことは、ある緊張状態に置かれた場合のほうが積極的になり、若い女性との関係を取り結びやすいということである。田岡一雄が抗争やイベントでしばしば採った、相手との緊張関係を高める手法がこれに酷似しているのだ。

恋愛の吊り橋理論の実践

実はこの「吊り橋理論」は恋愛の吊り橋理論とも呼ばれる。ある緊張した状態を共有した男女が、その緊張状態から解き放たれるときに、解放感とともに相互にその感情を恋愛に高めてしまうのだ。

そこにあるのは恋愛欲や性欲が基礎としてありながら、なおかつ困難を乗り越えることを共有することで取り結ぶ高次な関係性である。卑近な例では、ジェットコースターやアトラクションの恐怖体験、あるいは登山やマラソンレースなどを共に体験したとき、その男女には特別な感情が生まれる。その特別な感情は、困難を共有した絆であり、相互の共感なのである。

田岡一雄はこの手法を、一連の抗争事件で実践している。本多会（神戸）と覇を競った全国抗争のうち、小松島抗争や松山抗争、北陸抗争などで動員合戦を繰り返しているのがそれだ。

しかしこの場合は本多会との和解ではなく、山口組の動員力を見せつけることで、抗争後の陣取り合戦を有利に導くのであった。両組織の立場を変える、関係性の変容である。そして同時に田岡は、山口組に応援された地元組織との絆を重要視している。

夜桜銀次殺害をめぐる博多抗争、フェリーの博打の揉め事に起因する別府抗争、あるいは加茂田重政が指揮した北海道進出においても、山口組は圧倒的な動員力を見せつけることで地元ヤクザに「山口組恐るべし」の印象を与えた。その後の処理（手打ち）で、確実に橋頭堡を確保しているのだ。緊張と和解、興奮と懐柔、これが田岡一雄における「吊り橋理論」なのである。

作り出された緊張と興奮はしかし、決して破局を生んではならない。決して、決定的な一撃をくり出してはならないのである。実は田岡の手法の教訓となったのは、明友会との抗争（昭和35年8月）だった。

このとき山口組は明友会を圧倒的な軍事力で追いつめ、彼らを軍門に降らせているが、司法的な被害も甚大だった。逮捕者102人、起訴72人、懲役12年をふくめて累計200年以上の懲役となった。これを続けていたのでは組員の疲弊が甚だしい。田岡はこう回想している。

「明友会に鉄槌をくだした代償としては、あまりにもその犠牲は大きかったのである。

〈一考の要あり……〉

さよう痛感したのが、わたしの偽らざる心境でもあった」（『完本　山口組三代目田岡一雄自伝』徳間書店)。

ここから、極度の緊張感は作るが、決して決定的な打撃は加えない、田岡の抗争戦略が確立されたのである。

それではこの吊り橋理論を、本格的に恋愛術に適用してみよう。吊り橋理論に緊張と興奮が欠かせないように、恋愛には触媒が必要である。たとえば尊敬や崇拝が恋愛感情に転化する。友情や信頼、同一の趣味、あるいは不遇への同情すら恋愛感情に転化する。したがって、この触媒の形成こそが吊り橋理論の恋愛術ということになる。

田岡一雄の場合は芸能界に確固たる地位、すなわち影のドンとして君臨することで家父長的な魅力を形作った。背後にある暴力とそれをテコにした芸能興行、そして芸能人たちに接する際には父親的な立場で寄り添う。芸能人たちは彼の息子であり、娘たちであった。

その場合にも、後の芸能界にありがちな乱れた人間関係・男女関係が田岡の周囲に顕れなかったのは、彼が極めて常識人であり倫理観にすぐれた親分だったからにほかならない。田岡にはほとんど浮いた噂はなく、家族愛につつまれた生涯だった。彼の与える緊張感がつねに、本気のものだったからにほかならない。

田岡の恋——血染めの吊り橋

田岡一雄は組織人であり、任侠界を代表する一統の領袖であった。それがゆえに、組織戦術や戦略論ばかりで語られてしまう憾みがあった。それだけだと彼の人間性が埋没してしまう。真実の姿も偶像化されてしまいがちだ。

そこで最後に、田岡一雄と妻・文子の物語をつまびらかにしておこう。

田岡一雄がまだ21歳のとき、彼は菊水館という映画館の警備をシノギにしていた。田岡は真夏の夜の寝苦しさに、山口登（山口組二代目）の従兄・横田吉一とともに外に出た。ふたりは深夜もやっていた『一二三《ひふみ》』という喫茶バーに入った。その店のカウンターの中で、少女が蓄音機をかけていた。病弱な母親に代わって、店を手伝っているのだという。それが深山文子だった。

深山文子、14歳。彼女は女学校に在学中で、優秀な成績で特待生に選ばれていた。女給たちに囲まれている横田にくらべ、照れ屋の田岡はひとりでコーヒーを啜っているだけである。そんな田岡に同情したのか、文子はレコードをかけて相手をしてくれた。そんな文子に惹かれた田岡は、一二三に通いつめるようになる。

ところが折悪く、海員組合に争議が勃発した。会社側は解決のために山口登に支援を依頼してきた。要するにスト破りを依頼したのである。舎弟の西田幸一が組合長宅で交渉することになったが、そこは組合員たちが手ぐすねをひいて待ちかまえるところとなっていた。交渉が決裂した瞬間、西田が鉄瓶を投げつけるのと同時に惨劇が起きた。西田は海員組合の組合員たちによって惨殺されるのである。

田岡は岡精義とともに殴り込みに行くことになったが、その前に文子に会いたかった。これが最後とばかりに一二三に走る。たまたまそこには文子しかいなかった。彼女はすでに西田の事件を知っており、田岡がその仇討ちに行くことも察していたのだ。

どうしても行くのかと訊く文子に、田岡はことさら明るく振る舞った。文子が彼の胸に飛び込んだのはその瞬間だった。約束の別れとなったのである。

困難こそが愛を確かめる。田岡はドスを呑んで海員組合に殴り込むと、組合長を袈裟懸けに斬った。血しぶきを上げてのけぞる組合長の脇から、別の男が飛びだして来る。田岡はこの男を押しのけ、その背中に一太刀あびせる。

事件後、田岡は古川松太郎の助力で九州に身をかわした。神戸を出発するとき、急を聞いて駆けつけた文子は、発車して行くホームの向こうで何か叫んだ。まさに興奮と緊張、そして運命の瞬間だった。

恋の成就――「吊り橋理論」応用編

事件は単なる喧嘩として処理された。組合側が社会問題化することも、山口組が組織だって行動することもなかった。翌翌年の秋に田岡は刑務所を出所し、山口登と古川松太郎による祝いの宴に迎えられる。

そしてその場に、ひとときの激動をともにした文子が待っていたのである。彼女は田岡が懲役に行っていた1年間、稲荷神社に1日も欠かさず「お百度」を踏んで祈願してくれていた。そこから先の田岡と文子の恋愛の成就は、神が定めたかのような約束された世界であった。

ふたりが置かれた状況が尋常でなければないほど、男と女の情は燃え上がる。情は愛をともない、お互いに「この人でなければ……」と突き詰めた思いに燃え盛る。プラットホームでの別れは、ヤクザの務めを立派に果たしてひとたびは落ちのびる男に捧げる、女の愛の叫びだった。「待っています!」と。

ヤクザ者が女にもてるのは、ヤクザが死と隣り合わせた世界で生きているからにほかならない。「いつ死ぬかわからない男《ひと》」という思いを抱いて共に暮らす、そのスリリングな時間は、女の情感を高めるに違いない。だから、ヤクザは女の心を強く惹き付けるのだ。

それでは、ヤクザではないわれわれ一般人は、どうしたらいいのだろうか。

「尋常ではない状況」「そこにふたりが置かれる」さしあたりわれわれは、この言葉をキーワードにしてみたい。

たとえば、もっとも身近で可能な方法に、一緒に旅に出るという方法がある。これはすでに一定の関係が成立した場合になるかもしれないが、旅の目的が単なるバカンスではなく、特定の仕事や役割性を持ったケースもあり、その場合はふたりの関係はまだ男女の関係ではないだろう。

職場であれば、男女でいっしょに目的を持って出張するとき、共通の緊張が得られるのは間違いない。そしてそこに困難があればあるほど、克服したときの喜びはふたりの関係性の変容として確実に現れてくる。たとえば出張業務の計画性が不十分で、ある程度の失敗がある場合に、それを克服する過程にふたりの人間性や真価が現れる。そこで共有した記憶は、ふたりだけの絆として結晶するのである。

スタンダールは名著『恋愛論』において、この「結晶」が恋愛の最大の要素だとしている。同じ旅行でも、自動車の旅はどうだろうか。ふたりがともに運転できる場合には、そこに協力関係が成立する。女性が運転できない場合にも、運転手である男性の疲れを気づかい、癒やす役割性のなかに関係の変容が現れるはずだ。

すでに筆者は、この論考の中で「恋愛には触媒が必要である」と措定した。友情や尊敬、同情や哀れみすらも、男女のあいだでは恋愛の触媒となりうる。恋愛相手に手がかりがあるのなら、この触媒をさがすべきだろう。

もうひとつ、恋愛は相手を独占する行為にほかならない。文子が稲荷神社に一日も欠かさず「お百度」を踏んだのは、神がかりで田岡の無事を祈るとともに、彼を独占しようとしたからである。女性の場合にこの「独占愛」で顕著なのは、獄中結婚という形式である。獄中結婚は精神的な恋愛の典型だが、誰にも触れられない相手をひとり自分のものにしてしまう、究極の精神的独占の欲望がひそんでいる。彼女に独占されたければ、あなたも下獄に匹敵するような厳しい状況に一度は身を置いてみよう。困難ゆえにはげしく燃える、世紀の大恋愛がそこにあるのかもしれない。

あとがき――剥き出しの真理を

いま日本の社会は、はげしい変革期を迎えている。従来の価値観や尺度が通じなくなり、年老いた者も若者も生きてゆく規範・方向性を見失っているようだ。経済発展だけが価値であった時代から、本当の幸福をはかり知ることや再生可能な生態、あるいは社会編成・組織構成における「関係性の変容」が待望される時期に来ているのかもしれない。

変革期の弊害もまた凄まじい。ブラック企業やパワハラ、イジメに虐待、麻薬禍、老人への特殊詐欺等の蔓延……。震災を機に、人々の絆やセーフティネットが云々されているにもかかわらず、である。今日、その「解《かい》」が求められているのは疑いない。

いっぽう、われわれの普遍的な人間関係や組織原則は、これら社会の変容にもかかわらず、一定の原則を保持してきた。われわれが人間である以上、組織を通じて結び合う関係は、遠い祖先のそれと変わらないはずだ。個人的な恋愛においても、おそらく古代の人々とわれわれの間には、時間という垣根しか存在しなく、本質的には同じである。

われわれの社会組織（公的存在）と生活・恋愛（私的存在）は、つねに厳しい局面を強いられてきた。人間が社会に背を向けて生きられない存在である以上、必然的にその真実の姿と向き合うことになる。そしてギリギリの極限に至るとき、われわれは指針をもとめざるをえない。つつましやかに生きたとしても、必ずなんらかの修羅がつきまとう。なんと人間社会の苛酷なことか。やさしく親和的とされる、われわれの日本社会においてすら――。

ギリギリの極限的な典型を語る上で、筆者が直接・間接に取材してきた山口組の歴代組長や最高幹部たちに材を採ってみた。およそ彼らの生きざまは極限的で、社会的には例外であるがゆえに「剥き出しの真理」であることが多い。この「剥き出しの真理」とは、人間の本性や本質と言い換えてもよいだろう。

恋愛においてもしかりである。恋愛が楽しい夢や甘美な日々であった時代は過去となり、いまや若者たちは恋愛に傷つくことを恐れているという。あるいは恋愛のやり方がわからないらしい。恋愛術が必要ならば、ヤクザに学びたまえ。ビジネスシーンでは彼らの思考や言動が役立つはずだ。ことさらヤクザを顕彰するつもりはないが、彼らが「剥き出しの真理」に遭遇できるのは、つねに生死を賭ける稼業だからである。

本書で取り上げた錚々たる親分たちは、すでに鬼籍に入った方ばかりだが、評価はいまだ定まってはいない。毀誉褒貶《きよほうへん》あるものの、山口組を創った魅力的な人物ばかりだ。当然ながらそのときどきの生きざまには、学ぶべきものが多い。たとえそれが反面教師であっても、貴重な「剥き出しの真理」はわれわれに教えてくれるものがあるはずだ。なお、登場する人物の敬称は基本的に省略させていただいた。文章の煩雑さを避けるためで他意はない。

素材とした山口組は、創建100年にして分裂した。六代目山口組と神戸山口組の「抗争」は予断をゆるさないが、衰退期を迎えたヤクザ組織がどう変容するのか、興味ぶかいものがある。裏の存在とはいえ、ヤクザが社会の構成要素であった時代は、いずれ終わりを告げるのだろうか。もしそうであるとすれば、それはまた、日本社会の変わりゆく姿の映し絵なのかもしれない。だが、変容を遂げながらも生き延びていくヤクザの姿が、いまの筆者の視野にはおぼろげながら捉えられている。

末筆になったが、企画を引き受けていただいた小野プロダクションの進藤大郎氏、執筆に助言いただいた横山茂彦氏に、感謝申し上げる。また、多くの方々のご協力を仰いだ。併せて謝意を表したい。

参考文献

『恋愛はいかに成就されるのか』アルフレッド・アドラー、岸見一郎訳（アルテ、発売：星雲社）
『荒ぶる獅子　山口組四代目竹中正久の生涯』溝口敦（徳間書店）
『山口組血風録』実話時代編集部（洋泉社）
『山口組　血の４０００日』（洋泉社）
『ドキュメント別冊　山一抗争前夜』（マイウェイ出版）
『他人を支配する黒すぎる心理術』（マルコ社）
『ハーバードでいちばん人気の国・日本』佐藤智恵（ＰＨＰ研究所）
『実録　血の山口組抗争史・猛将 山本健一』作画：伊賀和洋、脚本：東史朗（笠倉出版社）
『実録　六代目山口組対神戸山口組』（メディアックス）
『実録　修羅の群像　菱の侠たち』週刊実話編集部（日本ジャーナル出版）
『怖いくらい人を動かせる心理トリック』樺旦純（三笠書房）
『実録　死闘ヤクザ伝　山口組直参柳川組　柳川次郎　二人の殺し屋編』画：北村永吾、監修：芹沢耕二、脚本：天龍寺弦（竹書房）
『実録　死闘ヤクザ伝　山口組直参柳川組　柳川次郎　殺しの軍団結成編』画：北村永吾、監修：芹沢耕二、脚本：天龍寺弦（竹書房）
『イヤになるほど人の心が読める』ヘンリック・フェキセウス著、ヘレンハルメ美穂・フレムリング和美訳（サンマーク出版）
『恋愛論』スタンダール（新潮社）
『思いのままに人をあやつる心理学』齊藤勇（宝島社）

『鎮魂―さらば、愛しの山口組』盛力健児（宝島社）
『武闘軍団　中野会』脚本：土井泰昭、作画：春日まんぼう（笠倉出版社）
『ヤクザ式ビジネスの「かけひき」で絶対に負けない技術』向谷匡史（光文社）
『97％の人を上手に操る　ヤバい心理術』ロミオ・ロドリゲスＪｒ（ＳＢクリエイティブ）
『「人たらし」のブラック心理術』内藤誼人（大和書房）
『山口組　若頭を殺った男』木村勝美（イースト・プレス）
『殺しの軍団　柳川組　山口組全国制覇の先兵たち』木村勝美（イースト・プレス）
『「好きにさせる」心理学』渋谷昌三（大和書房）
『ヤクザは女をどう口説くのか』石原伸司（幻冬舎）
『ワーク・ルールズ！―君の生き方とリーダーシップを変える』ラズロ・ボック、翻訳：鬼澤忍、矢羽野薫（東洋経済新報社）
『血別』太田守正（サイゾー）
『完本　山口組三代目田岡一雄自伝』（徳間書店）
『山口組経営学』溝口敦（竹書房）
『実録武闘派ヤクザ伝　三代目山口組若頭補佐　菅谷政雄　絶縁編』（原作：正延哲士、脚本：芹沢耕二、作画：赤名修）竹書房
『山口組――激動90年の軌跡』大道智史（イースト・プレス）
『最後の博徒 波谷守之の半生』正延哲士（三一書房）
『任侠道に生きる』名和忠雄（自費出版）
『広域暴力団山口組壊滅史』兵庫県県警本部

サイゾー好評　既刊

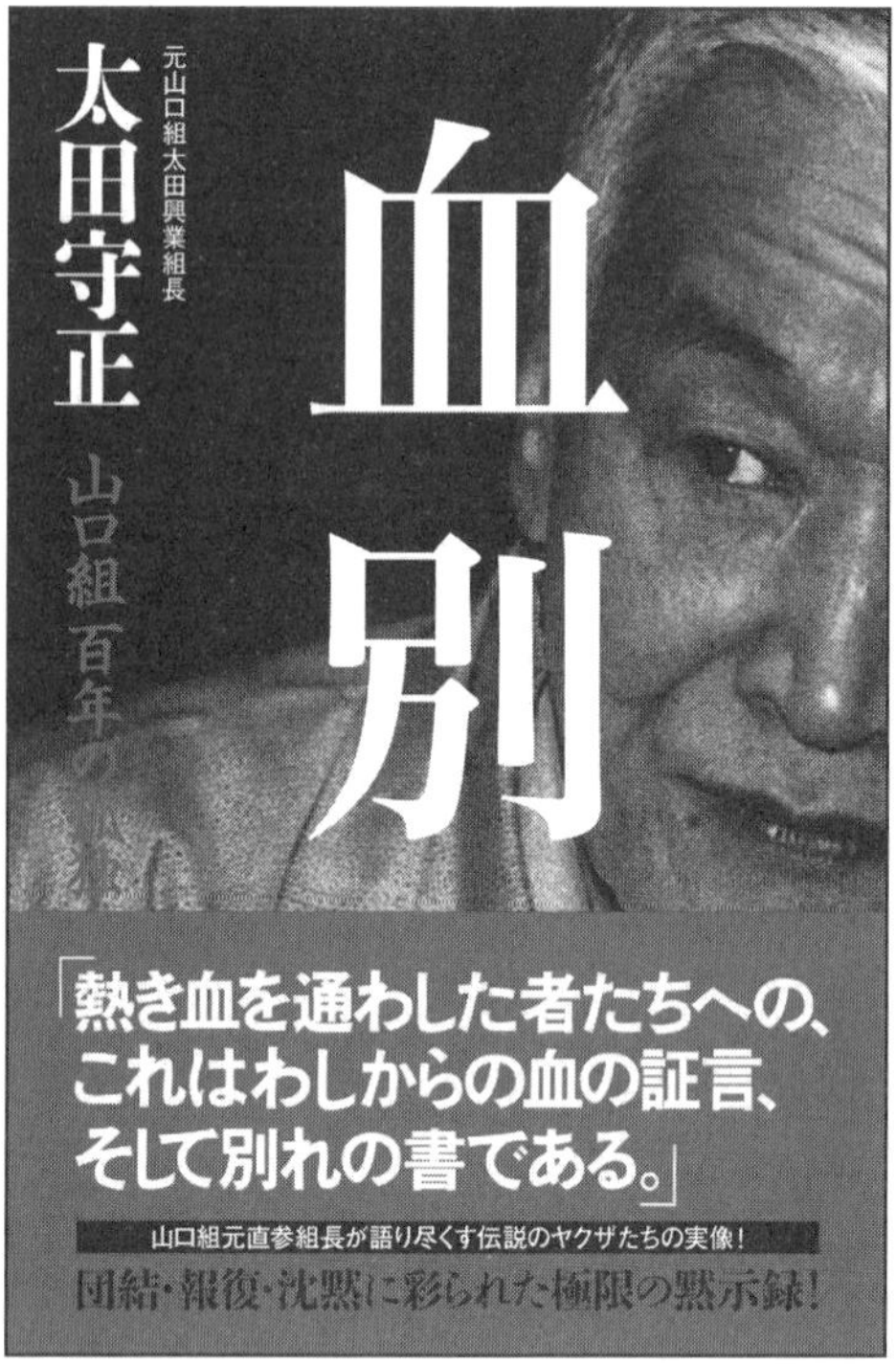

「血別　山口組百年の孤独」

太田守正 著

太田興業元組長

1500円（+税）
ISBN: 978-490420974

「会長、わかってますよね。除籍です」と言う。
「除籍やと？　絶縁にせんかい」と言うてやった。
絶縁やったら、ウチだけでも喧嘩するぞという覚悟や。
当時は 1000 人ほどいたから、できんことはない。（本書より）

山口組元直参組長が、神戸山口組復帰直前に書いた衝撃の告白本！

●山口組五代目トップ交代のクーデター疑惑●中野会会長襲撃●宅見若頭暗殺の真実とは？

サイゾー好評　既刊

「烈侠　山口組史上最大の抗争と激動の半生」

加茂田重政 著

元一和会副会長兼理事長、元三代目山口組組長代行補佐加茂田組組長

1600円（+税）

ISBN: 978-4866250625

日本暴力史に残る自伝、登場!
かつて山一抗争を指揮し、日本中を震撼させた
大物極道が、長年の沈黙を破った!

「お前らが謝るまでな、撃ち込んだる」ていうことでな、毎日毎日続けて撃ち込ませたんや。

若い衆に「行けー、行けー!」て言うてな。

加茂田組の若い衆がみんな、交替しながら撃ち込むんや。（本文より）

サイゾー好評　既刊

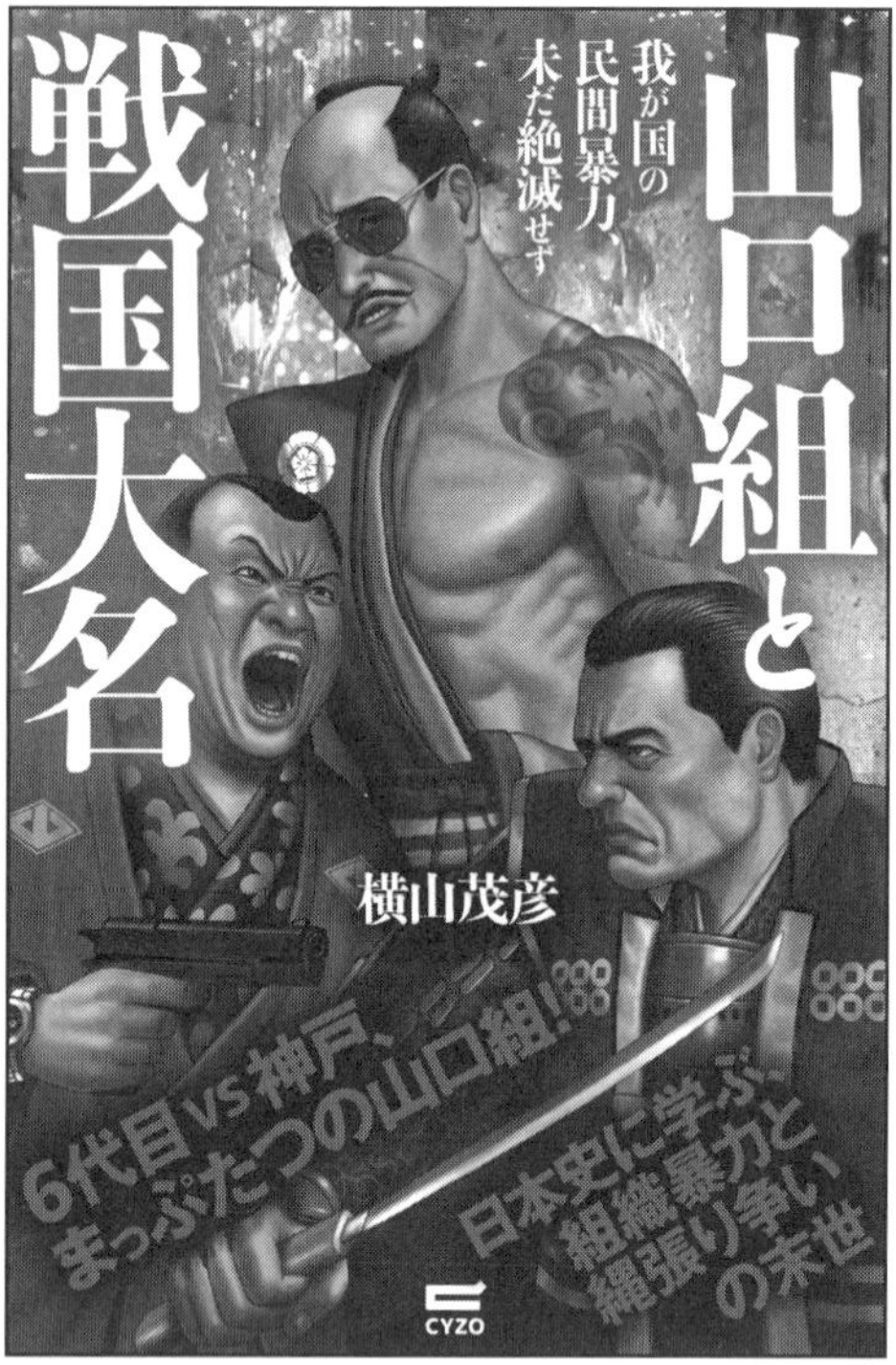

「山口組と戦国大名
我が国の民間暴力、未だ絶滅せず」

横山茂彦著

1500円（+税）
ISBN: 978-4866250540

6代目 vs 神戸、まっぷたつの山口組！
日本史に学ぶ、
組織暴力と縄張り争いの末世

設立100年を迎えた山口組の戦略・戦術、思想、実像を戦国大名という全く新しい切り口で論じる史上初の一冊

著者プロフィール

下村勝二（しもむら・かつじ）

「週刊実話」元編集長。昭和24年生まれ。

「週刊実話」編集部において30年以上にわたり、山口組をはじめとする多くの任侠団体や親分衆と関わり続けた。

山口組式　最強心理戦術
山口組のレジェンドたちが教える　ビジネス・恋愛テクニック

2016年11月25日　初版第一刷発行

著者　　下村勝二
発行者　　揖斐　憲
発売元　　株式会社サイゾー
〒150-0043
東京都渋谷区道玄坂 1-19-2 スプラインビル 3F
TEL 03-5784-0791

編集　　株式会社小野プロダクション
印刷・製本　　株式会社シナノパブリッシングプレス
装丁・本文デザイン　　株式会社 Sorairo 柚木 公徳

ISBN 978-4-86625-074-8